Success principles for

PARALLEL WORK

仕事 趣味 遊び

複数の仕事でお金を生み出す方法

成功する

複業

複業構築コンサルタント
ブランディングプロデューサー
後藤勇人

アルソス

Live life by your own rules

by Steve Jobs

自分のルールで人生を生きろ

スティーブ・ジョブズ

まえがき

あなたも「十足のわらじ」を履《は》いてみませんか

「十足のわらじを履きなさい！」と言われたら、あなたはどんなことを考えますか。

昔から日本のことわざには、「二足のわらじを履く」とか、「二兎《にと》を追う者は一兎《いっと》をも得ず」など、「何事も成功するためには、まずは一つのことを成功させてから」的なものが多いですね。

私は現在10個のビジネスを所有する、複業構築コンサルタント・ブランディングプロデューサーの後藤勇人《ごとうはやと》と申します。3つの会社のオーナーもしています。

世間では、世界一の男のプロデューサーや、主に女性ビジネスブランディングの専門家として、活動させていただいています。

昨今、世の中が大きく変わりました。働き方改革で残業時間の削減など本業の仕事時間が大幅に少なくなり、さらに複業を推奨する企業も多くなってきました。

この現象は、**「会社はあなたの面倒を一生見ることはできないので、自分でも他に**

収入源を確保してください」ということの裏返しです。

もし、あなたが結婚している普通の主婦で、現在は安定していても、これから大きなトラブルに見舞われ、経済的危機に直面するかもしれません。

さらに、ビジネスパーソンや経営者でも、近年の想像もしなかった新型コロナウイルス感染症の大流行、またこれからも自然災害などの多発、戦争や紛争などで、**一つの職種の会社がいとも簡単に倒産・廃業に追い込まれないとも限りません。**

しかし、ただやみくもに複業を始めたり、他の収入源づくりに何の情報もなしに着手したりするのは、とてもリスクがありますし、簡単なことではありません。

けれども少し視点を変えるだけで、複業の失敗のリスクを極限まで下げて始めることも可能です。しかも、特別なスキルや経験は必要ありません。

こんなことを書くと、「なんだか怪しい」と思ってしまう人もいるでしょう。でも実際に現実として可能なことなのです。

冒頭でも述べましたが、私は現在10個のビジネスを所有しているビジネスオーナーです。別の言い方をすると、**「お金のなる木」**を10個所有しています。簡単な水やりだけで、24時間365日、お金をどんどん生み出してくれます。

簡単にご紹介すると、ヘアサロン・日焼けサロン・アパート賃貸・古民家ホテル・コンサルティング会社・出版プロデューサー・ブランディングプロデューサー・英会話スクール・著者・講演業になります。

しかし、最初からこのような状況をつくれたわけではありません。24歳で起業したヘアサロンに始まり、27歳でショットバーを買収したあたりから、複数ビジネスの魅力にハマり、お金のなる木をどんどん増やしてきました。しかも、他人の力を借りることなどによって、ほとんど労力なしでできてしまう方法です。

通常一人の人間に与えられている時間は24時間なので、普通に考えたらこれだけ多くの仕事を一人でこなすのは不可能です。

でも、**ちょっとしたコツと思考術を手に入れれば、他人の力を上手く活用しながら、お金のなる木を育て、お金という果実を継続的に手に入れることが可能**なのです。

この本では、小さな田舎町の一ヘアサロンオーナーから始まった私が、いかにしてこのように複数の収入源を持ち、現在12冊の本の著者となり、お金のなる木の所有者になれたのか、わかりやすく丁寧にご紹介していきます。

あなたが、主婦・学生・会社員・経営者・フリーランス・定年リタイヤ組等々、誰であっても、いつでも、投資0円からでも始められる画期的な複業術です。

これからは、二兎でも三兎でも十兎でも、貪欲に追い求めてください。

あなたが近い将来、複数のお金のなる木を手に入れたときに、「きっかけは、この本を読んだことだ」と、きっと思っていただけるでしょう。

あなたの人生に経済的豊かさをもたらすバイブルとして、どうぞご活用ください。

さらに、自分の人生のキャッシュフローをコントロールするスタートを切ってください。

2024年4月吉日
複業構築コンサルタント・ブランディングプロデューサー
後藤《ごとう》勇人《はやと》

『成功する複業』★目　次★

第4章 複数の「お金のなる木」をつくる思考法……083

第1章

今、なぜ「複数ビジネス」が必要なのか

「一つのビジネス」を極める美学の終焉

日本では昔から、「一つのビジネス」を極めることが美学と言われてきました。

しかし昨今の時代の変化で、一つのビジネスだけでは、大きく変動する世の中に対応できない時代に突入したのです。

それが顕著に表れたのが、新型コロナウイルス感染症の大流行でした。コロナ禍では多くの会社が売上げが立たずに倒産し、姿を消していきました。この現象は、日本に昔からある一つのことを極める美学を貫き、それに何の疑いも持たずに会社経営をしてきた末路なのです。

私が若いころに、ヘアサロンを経営しながらショットバーの経営に乗り出したときに、まわりの多くの先輩経営者から、「二足のわらじは履くな!」と注意されたのもその美学からくる経営理念があるからでしょう。

私のケースでは、若気の至りでそのような先輩方のアドバイスをいただくたびに、次のように反論をしていました。

「二足のわらじは履きません。片方は素足でやります」

このように答えると先輩経営者はみなさん呆れて、「好きにしろ」と言い放っていました。「こいつは言うことをまったく聞かない、どうしようもない奴だ」と言わんばかりでした。でも結果的に、私の選択は正解だったのです。

なぜなら、**私はその決断があったからこそ、複数ビジネスへのスタートが切れたし、結果として、24歳から経営を始めて、実質的な赤字を一度も出さずに経営の継続ができているから**です。

また、私にそのようなアドバイスをしてくれた先輩経営者の中には、外部要因からくる経営圧迫で姿を消した社長もいました。確か牛海綿状脳症（ＢＳＥ）のときにも、焼肉店オーナーがいち早く姿を消しました。

これも、一つのビジネスに頼ってしまった結果による惨敗でした。

その社長は、スーパーでしばらく働いていました。その後の消息はわからないのですが、どこかにお勤めになったと聞きました。やる気のある社長でしたので、本当に無念だったろうと思います。

さて、みなさんお気づきだと思いますが、私にアドバイスをくれた社長と当時の私では、経営の能力は天と地ほどの差がありました。

しかし結果として生き残ったのは、複数ビジネスを始めて、リスクマネジメントをしていた経営能力の低い私のほうだったのです。

つまり、**「複数ビジネスを始めることは、一つのビジネスを類まれな経営能力で経営することよりも勝る」**ということの証明でもあるのです。

すべての経営者に天才的な能力があるのならばまだ話はわかりますが、ほとんどの場合は私を含めて、そのような能力を持っていません。

それでも勝ち続けるのが、複数ビジネスの凄いところなのです。

人気店でも、外部要因で一気に消えてしまう時代

昨今、世の中は大きく変わりました。今まで、「まさか起きないだろう」という想定外のことが頻繁に起きるようになり、世界が大きく変わり始めています。

ロシアによるウクライナ侵攻やイスラエルとハマスの問題など、私たちが想像しがたいような現実が次々に起こっています。

まさかこの時代に、本当に戦争が起こるなんて誰が予想したでしょう。私自身も最初にニュースで映像を見たときには、言葉を失い、悲しみに心が震えました。

その結果、燃料価格や食材の高騰、新車を購入しても1年待ち等々、外部要因からなる問題が複数現実として起こっています。その現実が、私たちのビジネスにも大きな影響をもたらす事態になっています。

材料費や燃料費が上がれば、売上げが同じでも利益が減り続け、経営を圧迫することは、小学生でもわかる簡単なことです。

私事ですが、マイホームを立てたときに、当時流行《はや》りのオール電化にしました。最初は凄くコスト削減ができてよかったのですが、その後電気代が高騰して、一時期自宅の電気代は1カ月8万円を超えた月がありました。

そのため、二つある蓄電気暖房を一つ消して、電気代の高騰対策をしています。当然、以前より家の中は寒くなりますが、さすがに電気代の8万は、一家庭としては異常な数字なので対応せざるを得ませんでした。

つまり、以前の世の中で良かれと思ってやったことが、想定外の世の中に突入した途端、逆ブレしてしまったのです。

2024年、日本に輝かしい新年が訪れました。しかし日本中が新年の心地いい気分を味わいながら過ごしていた元日の夕方、テレビに緊急地震速報が流れました。

石川県能登半島沖で震度7を記録する大地震が発生し、大きな揺れ、大津波、火災によって、海岸線の町が完膚なきまでに破壊され、多くの人が命を落とし、生き延びた人も住む家を失う大災害が発生しました。

テレビを見ながら「これが現実なのか。これが本当に元日の日本で起きているのか」と衝撃を受け、悲しく辛い気分に包まれ、正月気分も一気に吹き飛びました。

でもこれらの想定外は、すべて現実のものだったのです。被災地の住民は、この想定外の出来事によって、人生のプランが大きく崩れ、目の前が真っ暗になってしまったことでしょう。

このように想定外な出来事が起きると、結果的にそれを引き金に、世の中の様々なことが連動して変わってきます。

つまり、**現在は「昔の常識がまったく通じない世の中」になっている**のです。それは、私の身のまわりでも、多くの影響が出ていることで実感しています。

たとえば、友人が経営する店は、コロナ前までは、訪日旅行客にも非常に評判の良い地域の人気割烹料理店でした。友人は、ウハウハで毎週末夜の街に繰り出すほど景気が良かったのです。

それが、突然の新型コロナの大流行によって、状況が一変しました。

お店は閑古鳥で、まったく人気がありません。もちろん助成金などをフル活用しましたが、それではとても追いつかず、毎月の支払いに追われ、どんどん窮地に追い込まれていきました。

政府系の補助金で一時しのぎはできましたが、状況は日々悪くなり、自殺をほのめかすまでに事態は悪化しました。

私は何度も励ましに出向き、夜中に電話で呼ばれて家まで行ったことも何度もありました。これが現実として私のまわりにも起こったことなのです。

彼は幸いにも復活しましたが、実際になくなってしまった会社やお店はたくさんあります。

他にも、ホテルを一族で経営している知人の会社は、一時期売上げ減少によって、この先どうなるのだろうと思い詰めるほどに追い込まれ、苦しい時期を過ごしました。このホテルも関東でも有名なホテルで、想定外の出来事が起こるまではとても好調だったのです。

これが、**昔の常識にしがみつくことのリスクであり、一つのビジネスに依存する怖さ**なのです。

コロナ禍では、貸し会議室、名刺作成会社、富士山の山小屋、多くのリアル店舗等々、日本中の人と人がリアルに会するビジネスに影響が出て、倒産や廃業を余儀なくされたのです。

「想定外」しか起こらない世界の始まり？

世の中は大きく変わりつつあります。今までの非常識が常識になり、今までのスーパースターが悪者になる時代です。

気候一つとっても、冬の入り口の12月のある日に、まるで春先のような18度の気温となり、翌朝は気温がマイナスになったりと、あり得ない温度差が平気で起こります。

また、日本では本来起こり得ない事件も先に起こりました。それは安倍晋三前首相の銃撃です。この平和な日本で、元総理大臣が応援演説中に銃で打たれ、人生を絶たれるとは、誰が予想したでしょう。

戦後や戦前の話ならまだわかりますが、この平和な現在の近代的な思考の日本におけるまさかの出来事です。しかも、多くのＳＰがまわりを固めている状況の中でした。

最近では、テレビで活躍している人気タレントが、スポンサー減による収入減少を補うために、低価格でも利用できるＳＮＳ広告に企業の広告塔として起用され、しょっちゅう出ています。これも今まではあり得なかったことです。

このような環境下では、一つの収入源だけに頼るビジネスモデルは本当にリスキーです。

その証拠に、大手企業では、リスクマネジメントも兼ねて、メイン事業の他にもグループ会社をつくって別業態への参入をしている事例も多くあります。

みなさんご存じのAmazonですが、物販のイメージが定着し、ほとんどの人はAmazonは物販会社だと思っているでしょう。

でも実際に多くの売上げを上げているのは、クラウド事業です。つまり他社のデータをクラウド上に保存するデータ管理事業です。

このように想定外しか起こらない世の中では、いつ自分の業界のルールが崩れ、崖下に突き落とされるかわからない時代なのです。

ですからこれからの時代は、**想定外が起きても生き残れるビジネスモデルが必要なのです。**それが、**複数収入源をもたらすビジネス業態**です。

複数ビジネスは、やり方と思考法さえわかれば誰でもできる

帝国データバンクの発表では、新型コロナ関連も含めて倒産は、２０２３年１月～９月までの合計で、６１２８件発生しています。新型コロナ感染症は落ち着きましたが、企業倒産はこれからさらに増えていくのではないでしょうか。

その理由は、景気は回復しましたが、これから政府系融資の返済が始まり、毎月の返済額はコロナ融資によって、以前よりさらに高額になるからです。

幸いなことに、私の会社はあまり影響を受けませんでした。**複数の収入源を確保していたので、一つの売上げが減少しても、他のビジネスの売上げが助けてくれたのと、利益率の高いビジネスを所有していたので、トータルとしてそれほど影響を受けなかった**のです。

さらに言えば、複数のビジネスを所有していたので、それぞれのビジネスでの補助金も得ることができました。これはある意味想定外の嬉しい出来事でした。

私の会社以外でも、**それほど影響を受けなかったのは、「複数の収入源を確保」していた会社**なのです。

ここで先にお伝えしたいのは、複数のビジネスを所有することは一見すると難しいと感じるかもしれませんが、**本当は凄くやさしく、やり方と思考法さえわかれば誰でも簡単にできる**ということです。

私自身も元々の仕事は、都心から車で1時間30分くらいの山梨の観光地にある理容店の店主です。

それが現在は、まったく畑違いの日焼けサロンや古民家ホテル、コンサルタント業、プロデューサー業等々、複数のビジネスを所有しています。

今でこそ、それぞれのビジネスのノウハウを持っていますが、**すべて最初は素人の状態で参入した**のです。でもなぜ、それが可能だったのでしょうか。

この後、誰でも簡単に複数ビジネスモデルを展開し、複数収入源を確保して経営を安定させる「**後藤流複数ビジネスのつくり方**」の方法と思考法を説明していきます。

あなたのビジネスが安定し、どんな想定外の出来事が起こっても、お金の流れが止まらないビジネスモデルをご提案していきます。

誰でも簡単にできるので、肩肘張らず気軽に読み進めてくださいね。

社員を育てるより「新規ビジネス」を育てろ！

会社経営には、いくつかのやり方があります。一人で会社を切り盛りする「一人社長スタイル」もあれば、社員を雇って大所帯で会社を切り盛りする方法もあるでしょう。

私の会社に一番多く社員がいた時期には、アルバイトを含めると25人いました。まだ私が32歳で、お店は4店舗だったころです。職種の内容は、理容室、ショットバー、日焼けサロン、美容室でした。

スタッフは、私より若い遊び盛りの10代〜20代前半の子ばかりでした。

給料日前のお金のやりくりは本当に大変ですが、それより大変だったのが、社員教育とマネジメントです。

みんな若いので夜は友だちと飲みに行ったり、当社でショットバーを経営していたこともあって、そのお店で遅くまで飲んでいるスタッフもいたりして、遅刻や欠勤も凄く多かったのです。自分の管理能力のなさを晒すようで恥ずかしいのですが、本当のことなのでしょうがありません。

当時は、スタッフが遅刻をしたり突然来なくなったりと、それはそれは大変な思いをしました。朝一で携帯を見るのが本当に怖かったです。理由は、スタッフから、今日は休みますとか、辞めますという類のメールがよく来ていたからです。

そのようなメールを見るたびに、夜どんなに遅くベッドに入り寝不足でも、一気に目が覚めたのを覚えています。

こうした経験は、私と同じような業種のお店を経営している社長はみなさんおありになると思います。社員を雇ったスタイルでビジネスをやっている場合のリスクは、社員が出勤しなければ仕事が成り立たず、売上げも当然ストップしてしまうことです。

売上げが止まるだけならいいのですが、借りている店舗の家賃が発生するので、人が休んだり辞めたりすると、大きなマイナスでお金を垂れ流すことになるのです。

じつは、私は社員マネジメントの本も一冊出版しているのですが、マネジメントは上手くいっているときは一見問題ないように見えても、人が辞めるなど、悪いことがいったん起こり出すと、その連鎖が止まらなくなるのです。


今でも忘れられないことがあります。なんと、お店が4店舗ある状態で、私を含めスタッフが5名ほどまで減ってしまったのです。さすがに私も酷い惨状に震えました。ショットバーでトータル7名いたスタッフが店長だけ残して全員辞めたり、日焼けサロンで多くの時間を任せていた店長が、夜中のメール一本で来なくなり、スタッフがゼロになったこともありました。

その穴埋めを、オーナーである私がすべてしなければならなかったのです。

それも一店舗だけにとどまらず、悪い流れが他の店舗にも連動してしまうのが、ある意味グループ経営の怖いところであり、不思議なところでもあります。


でも実際にそうなのです。しかも現在は、メールやSNSですぐに社員同士の情報がダダ洩れになり、どうしようもないマイナスの連鎖が続くのです。

そのような経験から、あるときに私が気づいたことがあります。

それは、**自社社員を育てる発想を一度やめて、社員教育に苦しみながら経営をするのではなく、新規ビジネスを展開する**ことです。

つまり、**自社社員ではなく、すでに出来上がっている他社の社員やインフラ、人脈を使ってビジネスをする方法**です。この方法も後でしっかりご紹介していきます。

複数の違ったタイプのお金が入る道を用意する

ビジネスが窮地に立たされるのは、お金の流れが止まったときです。

ビジネスにおけるお金は血液のようなものなので、その流れが止まったときは、ビジネスの終焉を意味します。

運良く銀行融資を受けられる場合はいいですが、それができないケースでは、会社をたたまざるを得ない状況に追い込まれます。

このケースが一番多いのは、一つのビジネス業態で会社の全利益を上げている場合です。つまり、大きなお金が入り込む太いパイプが、何らかの理由で切断された場合、一気に経営が立ち行かなくなります。

その最たる例が、再三お話ししているコロナ禍の飲食店や宿泊業だったのです。

幸いにして現在は、インバウンドも復活して観光立国日本の景気が戻ってきましたが、その前に姿を消してしまった会社は、復活の日を迎えることができませんでした。

帝国データバンクの情報によると、２０２３年度上半期で、新型コロナ関連を含めた倒産は全国で４２０８件となっています。

業種別の内訳を一部ご紹介すると、「飲食店」３８１件、「建設業」８４１件、「飲食料品卸売業」１２４件、「飲食料品小売業」１４２件などとなります。

これらの倒産は、すべてお金の流れが止まってしまったことによる現象です。

さて、不慮の出来事が襲ってきてもお金の流れが止まらないようにするには、どのようにしたらいいのでしょうか。

一言で言えば、お金が流れ込むパイプを大きな太い一本に頼るのではなく、**「細いパイプでもいいので複数つくっておく」**ことです。

つまり、**「複数の違ったタイプのお金が入る道を用意する」**ことです。

私の会社の事例で恐縮ですが、当社はコロナ禍で世の中の会社が倒産の憂き目に遭う中で、ほとんど影響を受けませんでした。

誤解を招くといけないので補足すると、影響を受けた部門もありますが、まったく受けなかった部門もあり、全体としては最小限に抑えることができたのです。

具体的には、当社の事業形態（個人も含む）は、ヘアサロン、日焼けサロン、アパート賃貸、コンサルタント業、出版プロデュース、起業家のビジネスサポート、セミナー講師業、執筆業、他コラボ形態で運営している英語スクール事業、ホームページ制作事業などがあります。

この中で一番コロナの影響を受けた飲食業と宿泊業は、最初からやっていなかったのも幸いしましたが、他のほとんどの業態でも少しの売上げ減ですみましたし、逆に補助金を使って業績を伸ばした部門もありました。

ヘアサロンなどは、コロナ禍を機に、カット椅子の台数を減らし、半個室の空間をつくって安心感を与え、さらに脱毛器の導入とＳＮＳを使ったマーケティング手法で、売上げアップを実現させました。

さらに言うと、コロナ禍の補助金などを利用して、新規に古民家ホテル業をスタートさせて売上げアップを実現し、インバウンドが戻ってきた今では、これまで以上に売上げを伸ばしています。

この古民家ホテル業は、集客から運営まですべて運営会社に任せているので、私自身が何かをするということはありません。極端なことを言うと、通帳の売上げチェックが主な仕事です。

このあたりのスキームは、後の章でつくり方やコラボレーションの仕方、ポイントを詳しくお伝えします。

このように想定外の出来事が起きたときでも、売上げ減少を最低限に抑えて、リスクマネジメントすることができる唯一の方法が、複数収入源をつくることなのです。

なぜ人は、「はじめの一歩」が踏み出せないのか

世の中の多くの人は、せっかくいい方法論が手に入っても、なかなかそれを実践することができません。

それは、「失敗したときのことを恐れる心」と、「失敗したら恥ずかしいと思うプライド」が邪魔するからです。

でもよく考えてみてください。他人はそもそも自分にしか興味がない生き物ですし、あなたが思うほど、あなたのことに興味はありません。

もし、あなたがしくじったとしても、他人はそれほど興味を持たないでしょうし、もし持ったとしても、ほんの一瞬です。

その一瞬を怖がって、大事なあなたの人生を棒に振るほうが、余程損失が大きいでしょう。そんなことを気にして、行動を起こさないことは、あなたの人生にとって最大のマイナスです。

この本を手に取ったあなたは、**今の自分自身に満足ができない人、あるいはさらなる高みを目指したい人、将来に不安を抱えている人**のはずです。

そんなあなたにとって一番恐れるべきことは、何も行動を起こさないで、現状のまま人生の大事な時間が過ぎ去ること。

だから、**本当に恐れるべきは、行動しないこと**なのです。

それでも行動を起こすのが怖いと感じるなら、**勇気が出る本**をご紹介します。

世界的起業家として有名な、ユニクロ（現ファーストリテイリング）の創業者柳井正さんの本です。そのタイトルが**『一勝九敗』**（新潮文庫）です。

あの柳井さんでも10回のうち9回は負けるんですよ。だから普通の人のあなたが、失敗したって大したことではないのです。

最初から10回試行錯誤するつもりで、スタートすればいいのです。


また、他にもおススメの方法があります。これは、私の戦略なのですが、**最初に起こり得る問題点を思いつく限りすべて列記して、その解決策をすべて用意してからスタートする**方法です。

これなら、問題はすべて想定内なので、失敗のリスクは極限まで下がります。


さらに、私は多少の問題が起こっても、必ず解決策があると最初から信じて、それを探します。そんなとき私は、「**この問題を解決する魔法の方法があるとしたら、どんな方法だろうか?」と自分の脳に質問します**。

そのように問いかければ、あなたの脳も、今までの経験や叡知から、ネット上の情報まであらゆるものを動員して探し出してくれるでしょう。

ここまで用意して始めれば、怖いことは何もありません。
勇気を持って複数ビジネスへのスタートを切りましょう。
あなたが勇気ある第一歩を踏み出すことを心から期待します。

コラム1

まずは「紹介型ビジネス」から始めるのも一法

複数ビジネスだからといって、難しく考えないでくださいね。

あなたの身のまわりには、複数ビジネスの種がゴロゴロ転がっています。

たとえば、**誰かの商品を紹介してマージン（紹介手数料）を得る方法**だってOKです。**保険代理店の商品を紹介してマージンをもらう。**これだって立派なビジネスです。

つまり、**知り合いの会社の商品を紹介してマージンをもらう方法**です。まずは、社長や営業担当者に軽めに探りを入れてみてもいいでしょう。

たとえば、「私の友人でこの商品に興味ある人がいるんですが、ご紹介といった形でビジネスコラボなどできませんでしょうか？」と聞けばいいんです。

そうすれば、相手は営業費だと思って、マージンを払ってくれるケースが結構多いです。実際に私のコンサルティングやプロデュースでも、ご紹介者に紹介手数料をお支払いすることがあります。

他にも、**誰かのイベントに友人を連れて行ってマージンをもらう**ことだって可能です。ですから、気軽に提案してみればいいのです。まず、嫌な顔をされることはありません。自分の会社の売上げアップをサポートしてくれる人は大歓迎です。

また、**ブログでできるアフィリエイト**でもいいですし、**スマホFX**もいいでしょう。じつは私もスマホFXをやっています。あまり大袈裟に考えないで、本当に少ない元金で月に1万～3万円ぐらい勝つのは、それほど難しくありません。

とにかく、**「身のまわりにお金になりそうなものはないかな？」**と、アンテナを張ることが重要です。耳をそばだてて聞いていると、儲けのネタは、世の中にたくさんあります。

でも、**一番リスクがないのは「紹介型ビジネス」**なので、まずは、そのあたりをチェックしてみてくださいね。意外に簡単に新しい収入源が得られるでしょう。

第2章

「一つのビジネス」に頼るのは最大のリスク!

ビジネスが簡単に立ち上げられる時代になった！

現在は完全なネット時代です。何かをネットで検索して、見つからないものはないと言っても過言ではありません。それだけ、ネットが人々の生活と密接につながっているということです。

その一つの理由は、1人1台スマホを持つ時代になったからでしょう。

高齢者や特別な理由がある人は所有していないケースもありますが、今では小学生でもスマホを持ち、幼稚園に通う子どもでもiPadで動画を見ている時代です。

私が経営するヘアサロンでも、子どものカットをするときに、子どもがおとなしく動かないでいるように、親が備え付けのiPadや、ご自身のスマホで動画を見せています。

これは普段から動画を見せている証拠です。なかには、自分でバンバン操作する幼稚園児さえいます。

私には二人の孫がいますが、彼らも自分専用のiPadで動画を見ています。最初は、ちょっと早いんじゃないかとも思いましたが、他の子どもを観察すると、そうでもなさそうです。

さて、スマホやiPad、ノートパソコンを所有することで便利になる半面、ビジネス的には大きな変化が起こりました。

まず、**誰でも容易に動画やネットにアクセスできるので、自分が知りたい情報やスキルを無料で簡単に手に入れられる**ようになりました。

なぜ無料の情報があふれているかというと、情報提供者は、情報を無料で掲載することで、YouTubeのチャンネル登録者やブログの読者を増やし、宣伝広告費やアフィリエイトで稼いでいるので、優良な情報を無料で流す必要があるのです。

正しく優良な情報を流せば流すほど人気が出て、それがお金に変わる仕組みです。

ネットが普及する前の社会では、必要な情報は、本を買ったりセミナーに参加するなどして有料で手に入れるものでした。情報を手に入れるためには、お金と行動の両方が必要なので、実際に行動する人は限られていました。つまり、簡単には情報は手に入らなかったのです。

でも、今のネット時代では、自宅に居ながら、誰でも無料ですぐに優良な情報を手に入れることができます。当然、ビジネスに参入するための情報もすべて網羅されています。

そのため、**お金を払わず、ネット検索という手軽な行動だけで、ビジネスを立ち上げるための情報が手に入る**のです。

それは裏を返せば、**ライバルが増えてビジネスが飽和状態になるまでのスピードが極端に速くなった**ということです。

「一つのビジネス」で稼ぐ期間が短くなった！

ビジネスは、需要と供給のバランスで成り立っています。また商品には、単純に分けると**高額商品と低額商品**があります。わかりやすくするために中間価格は省きます。

価格の高い高額商品には、二つの種類があります。

一つ目は、**ブランドが出来上がっていて、どんなに高額でもその商品でなければならないもの**です。

たとえば、エルメス、シャネル、ルイ・ヴィトン、グッチのバッグ等々、世の中の高額所得者ご用達商品として認知されていて、一般の人が手を出しにくい数百万円もするような価格帯の商品です。

二つ目は、**商品として唯一無二のブランドコンセプトを持ち、一定層の富裕層のファンをしっかり捉えている商品**。

車で言えば、メルセデス、フェラーリ、ポルシェ等、価格や維持コストを考えると一般の人が手を出しにくい高価格帯のハイブランド商品です。

さて、**低額商品**はブランドがないものか、**供給が需要を上回っているもの**です。つまり**供給過多**なので、**価格を下げて商品力をアップし、購入してもらうしか方法がない**のです。しかも利益率が低いので、**薄利多売で数を売らないと儲けになりません**。

このような「二極化」するビジネス環境の中で、ネットによって参入障壁が極端に低くなった昨今、自分だけでなく、ライバルもビジネスを最速でスタートすべく準備をします。

そのため、**自分は最速で稼ぐ準備をしたにもかかわらず、まわりを見渡すと、すでに多くのライバルが存在している「レッドオーシャン」（競争相手が多く存在している市場）の状態になっている。**

これは**供給過多の状態なので、ブランドがある商品やサービス以外は、低価格で販売する以外ない**。利益率が低いため、必然的に**ビジネスのライフサイクルが短くなってしまう**のです。

これが、ある意味、現在ネット社会のビジネスを取り巻く環境なので、**一つのビジネス寿命は短くなる**というわけです。

「中小企業白書」（2017年）によると、起業後の企業生存率は、起業から1年で95・3％、2年で91・5％、3年で88・1％、4年で84・8％、5年で81・7％とされています。この数字も、現在のビジネス環境をよく表していると言えます。

このような環境の中で、**一つのビジネスに依存することは、経営的観点からすると、リスク以外の何物でもない**と言えるでしょう。

にもかかわらず、このスタイルでビジネスをしている人がいかに多いことか。

一つのビジネスだけでは「不可抗力」に対処できない

あなたは「**不可抗力**」という言葉をご存じですか。

失礼な質問をしてしまいましたが、じつはとても大事な質問です。不可抗力をネットで調べると次のように出てきます。

「不可抗力とは、人の力では変えることのできない、あるいは防ぐことのできない大きな出来事のこと。一般的に良くない出来事や災いを指すことが多い。不可抗力によって起きる被害としては、具体的には天変地異などの災害や一方的に受ける事故が挙げられる。後略」（出典：Weblio 辞書「実用日本語表現辞典」より）

令和6年能登半島地震や新型コロナウイルスの大流行なども、不可抗力に属する事案でしょう。

つまり、どんなに努力して注意しても防げない、ある意味どうしようもない出来事です。もし、このような不可抗力事案が、自分のビジネスに降りかかってきたら、その時点で負けるのが確定したようなものです。

もし一つのビジネスしか所有していない状態で、この不可抗力に襲われてしまったら、どんなに素晴らしい経営能力を持ってしても一巻の終わりで、廃業または倒産等の憂き目に遭います。

じつは、私が複数ビジネスモデルに目覚めたきっかけがあります。それは、私がヘアサロンを立ち上げて数年、経営知識もあまりないころの話です。

私がまだあるヘアサロンに勤務していて、独立していなかったころに、同じ地域で憧れを抱いていた大人気のヘアサロンが数店ありました。

そのお店のようになりたいと、独立後もちょこちょこリサーチしていました。オーナーもカッコいい外国車に乗っていて、あんなふうになりたいなととても憧れていたのです。

それが、年数が経ちオーナーが年を重ねると、若いオーナーが出店するヘアサロンにお客様を奪われ、どんどんさびれていくのです。

その現状を見て嘆いていたのですが、年齢を重ねることはどうしようもないことです。

そこで私は考えました。

「年を取ることは仕方がない。理容師の技術者として輝きを失うのも仕方がない。それでも人生を通して輝き続けるには、どんな方法があるのだろう」

そのとき私は、

「他にもビジネスを持って、技術者からビジネスオーナーへと変貌することだ」

と気づいたのです。

また、その最高のタイミングで、ショットバー買収の話が舞い込みました。そのバーは、私自身がよく通っていて大好きなお店でした。そこのオーナーが私にお店の買収を持ちかけてきたのです。お金に困っていた様子でした。

最初はまったく畑違いなのでお断りしていたのですが、何度も口説かれているうちに、徐々に気持ちが変わっていきました。


最後の決め手になったのは、次のような言葉でした。

「このお店を好きな人に買ってもらって、この雰囲気を維持してほしい、畑違いの仕事でも後藤さんが将来大きく羽ばたくときに、このお店の経営経験は絶対に役に立つ」

このとき、私自身もビジネスオーナーとして輝きたいと思い始めていたので、最終的にはお店の購入を決めました。

幸いにもヘアサロンのお客様に元バーテンダーがいて、店長を務めてくれることになったのです。

このことが、私自身が複数ビジネスに目覚めたきっかけとなりました。

このお店は10年間経営し、会社に多くの利益をもたらしてくれるとともに、大きな経験という財産を私に与えてくれたのです。

騙す人は、人生をかけて命がけで騙しに来ている！

私はギャンブルが嫌いです。理由は、簡単に勝てる確率が低いのと、自分で勝ちをコントロールできないからです。

一部のプロギャンブラーには、勝ちをコントロールする術があるのでしょうが、最終的にはギャンブルは負ける確率が高いと言われています。それでも多くの人がギャンブルにハマる理由は、一攫千金のチャンスがあるからでしょう。

ビジネスでも、一攫千金のような美味しい話がたまに舞い込みます。ビジネスのゴールは、世の中の役に立ってお金をいただくことなので、お金がたくさん入る話には魅力があります。もちろん私自身も興味があります。

でも、このような美味しい話には必ず裏があるのも事実です。私の知人経営者の中にも美味しいビジネスの話に乗せられて、最終的には財産を失い、失脚した人が大勢います。特にバブル経済の時代には、このようなケースは珍しくありませんでした。

なぜ私が美味しい話に釣られないかというと、プロデューサーという立場で、いろいろな裏の情報をゲットできるからです。なかには、半分詐欺まがいの話も少なくありません。

そのような話の特徴は、儲けることばかりを強調して、リスクの部分をあまり話さない、もしくはほとんど話さないことです。

「あなたが儲かります」というセールストークですが、実際にはそれを提供する人が一番儲かり、その話に乗った人は、損するスキームになっているのです。

よくテレビで取り上げられる何かに騙された人の被害者の会もありますが、結局美味しい話に心を揺さぶられて、判断基準を失った人たちの集まりでもあるのです。

私は美味しそうな話が舞い込んだときには、まずいろいろな角度からリサーチして、さらに利害関係のない最低3人の専門家に話を聞くようにしています。信用できる人ならば2名くらいでも大丈夫でしょう。

そのうえで最後の判断基準は自分の中に持ち、他人依存ではなく、自己責任で決断します。

そんな私でも以前一度、ギャンブル性の高い儲け話に釣られそうになったことがありました。そのとき、私の中では8割ゴーサインが出ていたのですが、何か引っかかる部分があり、7社を経営する尊敬する社長を食事に誘い相談しました。

詳細をお話ししたら、社長は「やめたほうがいい」と言ったのです。

「なぜ良くないのですか？　私には騙されない自信もありますし、悪くない話だと感じます」と伝えました。

すると、その社長は、「あなたのメインビジネスはヘアサロンで、20代のころからお客様の髪の毛をカットしながら、コツコツと階段を上ってきた真面目な人です。

そのあなたからしたら、この話は金額的にも美味しく感じるかもしれませんが、私のように大きな不動産を動かす人間から見たら、リスクが高いと感じます」と言います。

それでも私は食い下がりました。私は実際に見た提供者の家やまわりの環境、人脈もすべてお話ししました。

すると社長は、次のように私に語りかけました。

「そんなものはいくらでも架空で用意することができるし、その人の持ち物だと証明することができますか？

なぜあなたは私に相談しているのですか？　それはあなた自身が違和感を感じているからでしょう。どうなんですか？」

ここで私は答えに窮しました。

さらに社長は、こう続けました。

「詐欺まがいのビジネスをしている人は、捕まれば刑務所行きです。

彼らは命がけで、人生をかけて人を騙しに来ているのです。だから、ほとんどの人が騙されるのです。人生をかけて命がけで騙す人にあなたは勝てますか？」

ここで私の目が覚めました。

結論を言うと、その投資話は最終的には頓挫して、出資した人たちはみなさん大金を失いました。私は社長の助言を聞いたおかげで助かりましたが、危うく大金を失いかけたのです。

小さな池で、小舟をつくって漁をする

「中小零細企業は、大手の研究開発部」と言われることがあります。

理由は、中小零細企業が開発した商品やサービスが流行る兆しを見せると、大手が資本力に任せて即買収したり、同じ商品を開発するなりして一気に市場を席巻してしまうからです。

これが、中小零細企業が大手の研究開発部と言われる所以です。

大手も自社で開発するより、このスタイルを取ることで失敗のリスクを免れることができるし、賢いやり方でもあります。

出版業界にも似たような流れがあります。ちょっとテイストは違いますが、失敗を回避するという意味では同じでしょう。

韓国や台湾などアジア圏の出版社は、よく日本の本の翻訳版を出版します。私の今までの本も、その流れで海外でも多く出版されています。

では、なぜ日本の本を出版するのかというと、「日本ですでに売れている本は、自

国でも売れる確率が高い」と思っているからでしょう。

実際にこれは正しくて、新しい本を売れるかどうかもわからない状態で投資して出版するより、日本のマーケットですでに売れた本を翻訳するほうがリスクマネジメントにもなり、手軽に実行できて、実際に売れるのです。

このスタイルは双方にメリットがあり、お互いにＷｉｎ－Ｗｉｎです。著者にとっても海外本も出版しているというブランドになり、出版社、著者共に印税が入るのでありがたいことです。

さて話を戻すと、中小零細などの小さな会社や一人社長の会社は、一つのビジネスの可能性に賭けて大金を使って商品開発して大手に奪われるより、**小さなお金の流れを複数つくるビジネスモデルのほうが、リスクも少なく賢いやり方**と言えます。

複数ビジネス思考は、たくさんの保険をかけるスタイルなので、失敗のリスクもかなり少なくなります。

ビジネスでは、**「どこで戦うかという戦う場所選びも勝ち負けを決める重要な要素」**となります。シャチやサメのような猛者がいる大海で勝負するより、**ライバルのいない小さな池で勝負するほうが勝てる確率が高くなります。**

また小さな池は無数にあるので、その池で小さな漁を小舟に乗ってやればいいのです。小舟はつくるのも簡単、上手くいかない場合は壊すのも簡単、お金も大してかかりません。

小さな池で、小舟をつくって漁をする。

私は一貫してこのスタイルでビジネスをしています。結果として、**24歳で起業して以降、実質的な赤字を一度も出したことがありません。**

もちろん大負けをしたこともないですし、上手くいかない場合でも引き分け、良ければ勝ちで、また次のビジネスを増やしていきます。これはある意味、「後藤流失敗しない複数ビジネスのつくり方」なのです。

主婦でも会社員でもできる簡単複数ビジネス

世の中にはいろいろな複業がありますが、一番簡単なものを2つご紹介します。それは、**紹介型ビジネスとコンサルタント型ビジネス**です。

紹介型ビジネスは、他人の商品やサービスを紹介して、マージン（紹介手数料）をもらう方法です。

自分が実際に商品を使うなどして、本当に良いと思ったものを、他の誰かに紹介してマージンを手に入れるのです。このビジネスの場合は、商品販売者に次のように持ちかけると上手くいきます。

「この商品が凄く気に入ったので、他の人にもご紹介したいのですがよろしいでしょうか？　また、もし可能であれば、ご紹介して成約したら、ご紹介手数料をいただけるようなサービスやメニューなどはありますか？　もしあれば、興味がありそうな人がいたらご紹介させていただきます」

このような感じで提案すると、かなりの確率でビジネスアライアンスが組めます。

ポイントは、いきなりこの話をするのではなく、ある程度、人間関係ができたタイミングで提案することです。相手のメリットを考えて話すことがコツです。

コンサルタント型ビジネスは、自分の得意なことや、人より好きなことで知識が豊富な分野において、コンサルタントやセラピスト、トレーナーなどの肩書をつけてネット上で集客する方法です。

一度ブログや各種ＳＮＳで商品やサービスを紹介するページをつくっておけば、後は無料動画などで見込み客を集めて、商品を販売すればいいのです。

いずれも無料もしくは小さな初期投資で始められますし、固定費がないので一番リスクが少ない新規ビジネスです。

コラム2

「人に依存するビジネスモデル」の怖さとリスクの多さ

忘れもしない、1冊目のマネジメント本を出した直後の話です。恥を忍んで書きますが、その本に登場した社員が急に辞めると言い出したのです。

本に書かれたことが嫌だったのか、本に書かれて注目されたことが苦痛になったのか、理由は未だにわかりませんが、とにかく出版直後に辞めたのです。

それだけならまだしも、連鎖退職で多くの社員が一気に辞めてしまったのです。ある意味、影響力のあった社員だったのかもしれません。先にも書きましたが、ヘアサロンなどお店が4店舗ありましたが、運営側は社員1人に私のわずか2名、後はアルバイト3名だけです。

そんな状況では売上げが上がるわけもなく、人員も一気に足りなくなりました。

私は技術者として長いことやっていなかったシャンプーもせざるを得ない状況でした。シャンプーをしながら、歯を食いしばって耐えました。

このときに思ったのは、「人に依存するビジネスモデル」の怖さとリスクの多さでした。

その後は、家族を含めた少数精鋭で中身を固め、他は他社の社員を従業員のような扱いで展開する複数ビジネスに変革しました。

当時の私は若かったこともあって、理論で人をコントロールする癖もあったと思います。

現在、古民家ホテルを任せている運営会社の社長は、以前は家具を提供する会社を経営していて、社員の問題を含めてやはり大変な苦労をしたようです。

その方と雑談をしているときに、笑いながらこんなことを話していました。

「私も社員マネジメントに苦労しましたが、**現在の私の社員は、『不動産の宿泊施設』**です。

最初の仕込みは大変ですが、一度つくってしまうと文句も言わずに24時間３６５日稼ぐので、最高の社員です」

この言葉が凄く印象に残っています。現在私自身も古民家ホテルのオーナーですから、身に染みてわかります。

あなたも、宿泊業や民泊業にもトライしてみませんか。通帳のチェックが楽しくなりますよ。また、私の古民家ホテルにもぜひお越しください（笑）。

第3章

逆境でも生き残る「複数ビジネス思考」

利益率がいいビジネスを一つは所有する

複数ビジネスを展開していくうえで、**「利益率がいいビジネスを一つは所有する」**ことはとても重要です。

理由は簡単です。グループの中には収益性が落ちる部門もあるので、そのときの保険と補填《ほてん》のためです。さらに言えば、**「現金化が早いビジネスも経営が上手くいく重要な要素」**です。

私のクライアントで建築関係の人がいます。彼に話を聞くと、建築業界は、支払いが3カ月後になるケースも珍しくないようです。

その場合は、最初にかかる材料費や人件費等々、全部自前で持ち出さなければならないので、ある意味、自転車操業的な要素もかなり含まれます。

それでもまだきちんと入金があればいいのですが、こんなケースもあったようです。

工事費の入金が3カ月後の契約で工事を請け負い、持ち出しでスタートしたのですが、なんとその会社が後日倒産して、入金がされず大きな赤字を背負うことになったのです。

この会社では、この赤字を清算するのに数年を要しました。これは、後払いシステムの怖いところです。

でも建築業にかかわらず、このような支払い形態の業種は多いのです。ですから保険の意味も兼ねて、できれば**「利益率が良く、現金化の早いビジネスを所有する」**必要があります。

当社では、利益率が高くて現金化も早いビジネスが複数あります。

たとえば、ヘアサロンは、利益率8割5分でほとんど技術料です。

日焼けサロンは、自社ビル内店舗で運営しているので、家賃がありませんし、現在は完全予約制で、ヘアサロンスタッフが予約対応しているので人件費もかかりません。かかる経費は電気代と日焼けオイル代だけなので、利益率が大きいのです。両店舗とも支払いは現金か、リクルートが提供しているエアレジを採用しているので、銀行振り込みで月3回入金されます。

古民家ホテルは、運営会社がエアビーという外資系のプラットホームを使って集客しているので、入金はゲストのチェックインから約24時間後にされます。そのため、繁忙期には毎日通帳に入金があります。

しかも運営会社からではなく、最初に設定したパーセンテージをエアビー側で分けて直接振り込んでくれるので、運営会社への細かいチェックもいりません。

さらに古民家ホテル事業に関しては、当社がやることは何もありません。もしあえて挙げるとすれば、私が趣味と運動を兼ねてマイ掃除セットで気分転換に掃除したり、庭の手入れをしたりするぐらいです。

コンサルビジネスやプロデュースビジネスに関しても、特別な企業案件を除いては、ほとんどが利益です。前払いシステムなので、利益率と現金化は申し分ないレベルです。

このように利益率が高く現金化が早いビジネスを所有していると、他の部門で突発的な出費や収益減があっても補填ができますし、キャッシュフローもいいのでかなり経営が楽になり安心です。

このような観点から、利益率が良く現金化が早いビジネスを一つは所有することをお勧めします。

衰退産業でも生き残れば勝てる

衰退産業というと通常悪い意味で使われます。需要が減ってしまって旨味がないオワコンの業種です。でも視点を変えれば、また違ってきます。

衰退産業でも、ライバルがいなくなり自社が頑張って生き残っていれば、十分にビジネスは成り立ちます。

当社が経営する日焼けサロンも、一時の大ブームは過ぎ去り、衰退産業とまでは言いませんが、オワコンに近いビジネスです。その証拠に多くの日焼けサロンが姿を消し、ブーム時に比べるとかなり撤退しました。

でもここで面白い現象があります。

ビジネスは需要と供給の関係ですから、供給が減ってしまえば、少ない需要でもあれば、十分ビジネスになります。

さらにライバルはいないので、一人勝ちの状態になります。当社の場合は、自社ビル内の店舗で運営していますし、ヘアサロンスタッフが管理しているので人件費もかかりません。

その結果、かかる経費は最低限なので、少ない客数でも十分収益が上がるのです。

また見方を変えて、もしこの店舗で日焼けサロンをやめて、他の業種に貸し店舗として賃貸しても、日焼けの売上げを上回ることはないでしょう。

このように考えると、衰退産業でも生き残れば活路があるのです。

他にも、衰退産業という視点で考えると、町の畳屋さんもその類に入るでしょう。昔のように和室に需要があった時代は良かったのですが、フローリングの床が一世を風靡した現代では、需要は一気に減りました。

ところが、昨今日本の人気が高まりインバウンドも増えて、和室がブームとなり、畳の需要が復活してきたのです。その結果、生き残っていた畳屋さんは現在大忙しだそうです。

これは少し視点が違いますが、現在ヘアサロン業界では、若者に「濡《ぬ》れパン」というヘアスタイルが流行っています。濡れパンとは、トップに昔で言うところのパンチパーマをかけて、サイドは短く刈り上げるスタイルです。

仕上げにウェットな整髪料をつけて濡れた感じにするので、「濡れパン」なのです。

しかし現在パンチパーマは、衰退産業ではないですが、人気のない衰退技術です。つい最近までほとんどオーダーする人はいませんでしたが、ここにきて濡れパンブームでパンチパーマができる技術者が貴重になったのです。

当社のスタッフは全員できますが、技術者がいないサロンもあるので、濡れパンを希望するお客様は、対応できるサロンに行くしかありません。

このように衰退産業や技術であっても、生き残っていればビジネスになるのです。

もしあなたのビジネスが今衰退産業であっても、他の新規ビジネスで売上げを伸ばすことができれば、生き残り戦略で利益を生むことも可能なのです。

従業員を雇わず、他社の社長や社員に働いてもらう

ビジネスを大きくするには、社員をたくさん雇って、大所帯で展開しないといけないと思っている人が多いはずです。でもその考えはある意味間違いです。

自社に社員をたくさん抱えなくても、ビジネスを大きくする方法はいくらでもあります。

実際に当社では、一番社員がいたときで25名、店舗は4店舗でした。

マネジメントでは大変な苦労もしましたが、その半面、苦労したおかげでオリジナルのマネジメント理論を開発し、それが人気となり書籍を出版することができました。

「ピンチはチャンス」とは、よく言ったものです。

さて、話を戻しますが、現在の当社のスタッフ人数は5名です。正確に言うと、社員は2人で、あとは契約しているコンサルタントと他社の社長です。

所有しているビジネスは、細かく分けると10業種となります。単純計算では1人に

つき２つのビジネスを現在所有しているのです。

なぜこのようなことが可能なのかというと、**他社の社長や社員に自社の社員のように働いてもらっているから**です。

具体的に申しますと、まず古民家ホテルですが、こちらは集客から運営まですべて運営会社が請け負っています。ゲストとのメールのやり取り、お金のやり取り、その他細かいサポートまで運営会社の仕事です。

それ以外のホテルの清掃やリネン類のセッティングや補充、さらには、石油ヒーターの灯油の補充から備品のセットまで、すべて清掃会社が請け負っています。

しかもこの清掃会社は運営会社のルートなので、当社が探したわけではありませんし、何かを指示するわけでもありません。

つまり、当社のスタッフ０人でしっかり収益を上げるスタイルが確立されています。

また私自身が古民家ホテルセミナーを開催するときもあるのですが、初日はセミナーで、２日目に富士五湖の金運神社や世界遺産巡りをします。

このときにもタクシー会社のスタッフと事前打ち合わせをして、コース案内やルートなど自社スタッフのように動いていただきます。最後にお金を払うだけなので本当に助かります。

他にも助成金申請は専門コンサルタントに、会計もすべて他社社員に任せていますし、ほとんど外部の人材ソースで運営しています。

他社の社長や社員に働いてもらうメリットはたくさんあります。

社会保険はいりませんし、仕事のレベルが低ければ、他の会社と新たなアライアンスをすればすむことです。

また他社の人は、自社社員と違って甘えがないので、いい仕事をしてくれます。

他にも挙げればまだまだありますが、ある意味悪い部分を見つけるのは難しいくらいありがたい経営方法なのです。

自分が動かなくても売上げを上げる「パズル型仕事術」

自分が動いて売上げを上げるには限界があります。１日は24時間ですし、睡眠時間や食事、休憩時間などを考えると、せいぜい８時間から10時間が健全に働ける限度時間ではないでしょうか。

今以上に売上げを伸ばしていくには、**売上げを上げるためのチームづくりが必要です。**

そのときの考え方で私自身が活用するのは、「**パズル型仕事術**」です。まず仕事の全体像をパズルのような形で想像し、必要なピースをすべて書き出します。

パズルの真ん中には、司令塔としての自分のポジションがあります。自分自身が何か一つの部門を担当するケースもありますが、基本的には司令塔ポジションにいて、実務は行わないことが多いです。

自分が実務に携わると、その仕事に縛られてしまうので、基本はアドバイスと指示系統の仕事をメインでするようにします。

パズルを構成するのは、すべて自社以外のメンバーです。自社の社員は、ヘアサロン業務他、様々な仕事もあるのでメンバーに入れません。

このときに二通りの考え方があって、一つは**私個人の人脈でパズルのピースを集める方法、**もう一つは最初に**すべてのピースを持っている人をセレクトして、後は、その人のインフラとすでに出来上がっているビジネススキームを使う方法**です。

この方法での実例をお話しする前に、注意点を先に列記しておきます。

- **利益配分を最初に決めておく**
- **起こり得るマイナスのケースをピックアップして対処法も用意する**
- **欲の深いマインドの人は仲間に入れない**
- **性格的に癖が強すぎる人は外す**
- **約束を守れない人は最初から入れない**

さて実際の例ですが、数年前に８００人規模の講演会を開催したことがありました。主催は私と私の友人でしたが、講師は二人の大御所です。

当時、私自身は８００人の集客をする自信はありませんでしたが、集客力のある友人を巻き込んで開催することになりました。

まず講演会を開催することが決まった段階で、誰を巻き込んでやるか思案した結果、先の友人の顔が浮かんだのです。彼は大きなイベントに慣れていましたし、それを実行する人脈やチームを持っていました。

先にご紹介した方法の一つ、すでにスキームを持っている人とコラボするタイプの作戦です。結論から言うと講演会は大成功で、８００人の集客も上手くいき、大満足の結果でした。

私がつながったのは、わずか一人の友人であり、一度のミーティングをしただけでしたが、当日会場に着くと30人ほどのスタッフが、トランシーバーでやり取りしていて、準備万端の状態でした。

そこにいるスタッフは、誰一人私のことを知りませんでしたが、開会の挨拶のときに初めて私が主催者だと知ったようです。

すでにインフラやスキームを持っているたった一人の人とつながるだけで、自分が動かなくても800人の講演会まで成功するのです。

小さな売上げでも継続できるものは続ける

継続的に入る売上げは、たとえそれが小さくてもありがたいものです。しかも、あまり労力もかからずに手間なしで入るのならば、継続することが得策です。ある意味、自動的に増えていく高金利の貯金みたいなものです。

以前、自宅の駐車場を、数年間近所のアパートの住民に管理会社を通して貸し出したことがありました。車2台分の契約で毎月6000円の収益でした。

自宅には6台分の駐車場があり、自社ビルの駐車場もあるので貸し出してもまったく困らない状態でした。

６０００円と聞くと小さな金額に思うかもしれませんが、これが7年間にわたって入ってきたらどうでしょう。無視できない金額になります。

何もしなければ0円のところが50万円以上に化けるのですから、ありがたいものです。月レベルでも平日のゴルフ１回分の費用になります。

他にも、私はオンラインサロンを複数運営しています。自分で運営しているものもあれば、プロデューサーとして参加しているものもあります。

このどれもがそれほど大きな売上げではないのですが、長いものはもう4年以上継続しています。

実質的な労働は、月に2~3時間なのでほとんど労力はかかっていません。

それでも、長きにわたり継続的にお金を生み出してくれています。しかも、たまにメンバーから、私へのコンサル依頼やプロデュース依頼も舞い込むので、十分利益になっています。

このように、**小さな売上げでも少ない労力でお金が入る流れがある場合は、継続することで、会社のキャッシュフローも良くなります。**

面白いもので、たとえ一円でも入る流れができることで、お金が継続的に流れ込む道ができます。

逆に、少ない額であっても、出ていく流れができると、お金が継続的に流れ出る道ができてしまうので気をつけたいものです。

当社のアパートも一部屋の金額で考えたら大した額ではないのですが、アパートをつくったときから23年間毎月家賃収入があります。

しかもすべて管理会社に任せているので、集客から部屋の修繕プランに至るまで丸ごと引き受けてくれています。

もしあなたの会社に小さいながらも定期的に入ってくる収入があるなら、小さいからやめてしまおうと思わずに継続することをお勧めします。

「手間なしで貯まる貯金箱」だと思ってありがたく運用していきましょう。

コラム3

「複数ビジネスは簡単で楽しい」という逆転の発想

複数ビジネスを始めることは、難しいと感じている人は多くいるはずです。

でも実際にやり方とスキームさえ覚えてしまえば、難しいことではありません。

まずは、「複数ビジネスは簡単で楽しい」という逆転の発想をしましょう。


じつは私は、高校を一度クビになっています。正式な言い方をすると退学です。悪さばかりしていて、やめざるを得ない状況に追い込まれたので今思えば自業自得です。

そのときに校長先生に言われた言葉は、「教育の限界を超えたのでやめていただきたい」でした。校長室のソファーに座って、一対一で敬語で言われました（笑）。

その後仕方なく夜間の定時制高校に2年間通い、何とか問題を起こさずに卒業することができました。

元々進学校に通っていたので、試験の成績だけは良く、教育系の大学に推薦するから学校の教員にならないかと勧められましたが、やりたかったヘアスタイリストの道を選びました。

その後24歳で自分の店を立ち上げましたが、髪の毛をカットする以外の経営や会計の知識はまったくなく、貸借対照表も損益計算書も読めなければ、経営計画書もつくったことがありません。

ただシンプルに、売上げ、経費、利益の3つだけを見て今まで経営をしてきました。経営というのは、難しく考えれば考えるほどややこしくなります。でもシンプルに考えて、楽しいゲームをやるような気分でやれば、絶対に上手くいきます。

また難しいことに遭遇したり、そのような場面に出くわしたときには、自分で考えず、すぐにプロに聞くスタイルで経営しています。

第4章

複数の「お金のなる木」をつくる思考法

「本業まわり」を見渡してみる

複数ビジネスを始めようと考えたとき、何をしたらいいか悩むと思います。そこで一番簡単に始められるのは、**「本業まわり」**を見渡してみることです。

たとえば、車の修理工場が車の保険屋さんを併設したり、車のレンタル業を始めてみたり、洗車場やガソリンスタンドを始めたりという感じです。

会計事務所が会計の本職の他に、助成金コンサルティング部門を立ち上げ、売上げを伸ばしているケースもあります。

この会計事務所は、実際に当社がお世話になっている会社で、本職が会計の業務ですが、助成金コンサルを始めたところ、凄く反応と成果が良かったので、一部門を会社として独立させ、売上げを伸ばしています。

なぜ、本業まわりがいいのかというと、**まったく知らない業種に参入するより、参入当初の不安がない**からです。不安があると判断力も鈍るので、最初は本業まわりを見渡してみてください。

ちなみに当社のケースでは、最初の複数ビジネスは、ショットバーでした。詳細は先にお話ししたので割愛しますが、ショットバーの運営ノウハウは、すべて前オーナーからマニュアルという形で引き継ぎ、料理やカクテルのつくり方も初期段階で指導を受けました。

お店を任せる店長がいたのですが、当社の他の店舗のスタッフもアルバイトをしたいという希望があったので、希望者にはカクテルや料理のつくり方までレクチャーしました。

もちろん、私自身も同じように料理とカクテルをつくれるようになりました。

実際に、バーテンダーとして気分次第でカウンターに入ったりもしていました。昼間はヘアスタイリストで、夜はバーテンダーの二刀流をある意味楽しんでいました。

たまに笑い話にもなるのですが、当社のヘアサロンのスタッフはイケメンが多かったので、彼らを日焼けサロンで日焼けさせて、夜はスーツに着替えてもらい、バーに送り込んだりしていました。いわゆる人材のリサイクルです。

その結果、彼らの人気で女性客が増えたのも事実です。私自身も日焼けしてスーツに身を固め、お店に出る日もありました。半分は趣味で、半分がビジネスという感じで楽しんでいました。

ビジネスの成功の一つのポイントは、楽しむことです。難しい顔をしていても結果は出ません。だから、自分が好きで楽しそうと感じるビジネスを選ぶことも大事な要素です。

オファーが来たら、まずは断らない

複数ビジネスを始めるうえで大事なことがあります。

それは、**オファーが来たら、まずは断らない**ことです。たとえ自社でできるかわからない案件でも、ひとまず「ハイ検討します」と返事をしましょう。

できるかどうかは、その後でじっくり考えればいいのです。

私は仕事の依頼が来たとき、自社でできるかどうか、自分でできるかどうかにはこだわっていません。仕事は全部引き受けるつもりでいったん返事をして、その後できる人を探したり、コラボレーション業者を探すスタイルです。

ビジネスで一番難しいのは集客です。オファーがあった時点でその部分がクリアされているので、ある意味、一番大事な仕事は終わっています。

後は、誰がやるのか、どんな方法でやるのかを考えればいいのです。

私の複業の一つに日焼けサロンがあります。

これを言うと大変驚かれるのですが、私は他社の日焼けサロンに一度も行ったことがありません。もちろん日焼けサロンのオープン前も含めてです。

ではどうやって日焼けサロンの運営ノウハウを入手したのかというと、まず日焼けマシン会社の社員に他店ノウハウをすべて聞き出し、オペレーションの流れを把握しました。

その後もし自分がお客様だったら、この部分は改善したいという部分をすべてピックアップして、当店オリジナルの日焼けサロン運営マニュアルをつくりました。

じつは日焼けサロンオープン時に足を骨折していて、松葉杖で動けない状態にあったのも理由の一つです。

当時の日焼けサロンは更衣室があり、各日焼けマシンがアコーディオンカーテンで仕切られているスタイルが多かったのです。結果、シャワー待ちやタオル一枚でお客様同士ですれ違う場面もあったのです。

私自身が客だった場合、それが嫌だったので、大人も焼ける完全個室をキャッチコピーにして、個室を3つつくり、そこにシャワールームと日焼けマシンを設置して、中から鍵をかけられる仕様にして、お客様の不安をなくしました。

私自身が使用中に間違って部屋を開けられるのが嫌だと感じたからです。やり取りは内線電話を設置して行いました。

結果的にそれが人気になり、1年で地域一番店になりました。ただ困ったのは、お客様が日焼け中に寝てしまい、内線電話で起こしても起きないケースがあったことです。それだけリラックスできるプライベート空間をつくれたという証明でもあります。

このように、ビジネスノウハウやり方は、その筋の専門家に聞けば手に入ります。

もしくは、専門家にフィーを払って巻き込んでしまえばいいのです。

ですので、来たオファーはいきなり断らず、いったんは検討させてくださいと受け入れ、その後実現の可能性を探ればいいのです。

この思考を持っていると、新規ビジネスはどんどん増えていきます。

お客様になって、成功者のノウハウを手に入れる

新規ビジネスを始めるうえで、自社にまったくノウハウがないケースもあります。あるというより、そのほうが断然多いことが予想されます。それでも興味を持った業種を諦める必要はありません。

その理由は、「**興味があるというのは、最高の成功ファクター**」でもあるからです。

では、どうやってノウハウを手に入れるのかというと、**自分が実際にお客様になって成功している人のノウハウを手に入れる**のです。お客様になった時点では、先方は

こちらがこのビジネスに興味を持っていることは知らないので、質問にはどんどん答えてくれます。

またパンフレットやホームページを見ることで、サービスや戦略も知ることができます。思考は隠せてもアウトプットした言葉やサービス、行動は隠すことができません。

表に出している行動やサービスを見ることで、相手の内面を想像することもできるのです。

「真似ることとは学ぶこと」という言葉があるように、**すでに上手くいっている業者の真似をすればいい**のです。

まったくの真似だと倫理上良くないので、少し変化を加えながら人気店や人気ビジネスの表に見えている骨組みを真似てみましょう。

じつは大きな声では言えませんが、私のコンサルティングサービスの中で人気のメニューがあります。このメニューは、最初は私のオリジナルのものではありませんでした。私がコンサル事業に参入したときに、すでに結果を出していた人がいました。

彼のメニューの中でちょっと興味があるものがあり、私自身がやってみたいメニューでしたが、ノウハウがまったくわかりませんでした。

そこでまずは自分がお客様になって、最初のメールから実際のサービス提供までのすべてのオペレーションを拝見させていただきました。

その結果、彼が長年かかってつくってきた成功ノウハウが、わずか1回のお客様体験で手に入ってしまったのです。金額にしたら2万円ほどでした。

結果的にそのメニューは、彼のメニューと同じく大人気となり、当社に莫大な利益をもたらすまでに成長しました。

このときに私がやったことは、お客様になったことと、見よう見真似で実践したことだけだったのです。

すでにできている「インフラ」を利用する

ビジネスモデルをゼロからつくるのは大変です。私は、ゼロからビジネスモデルをつくったことがありません。

大抵は、すでにできている「インフラ」をアレンジしてオリジナリティーを出して使うか、あるいは、そのインフラそのものを使います。

私がすでにできているインフラを使った事例がいくつかあるのでご紹介します。

古民家ホテル事業は、この本で何度も登場しているので詳細は割愛しますが、すでにできている運営会社のインフラをそのまま使っています。

それ以外では、コンサルティング事業を始めて数年したときに、ブランディングプロデュースと出版プロデュースの事業も始めました。

どちらの事業も当社に多くの利益を生み出してくれているのですが、まずはブランディングプロデュースのケースです。

私が友人著者とお茶をしているときに、彼女がブログをリニューアルしたということで、ノートパソコンで見せてもらいました。

凄く素敵なブログで感動したのですが、ブログのヘッダー写真のところにちょっとしたロゴが入っているのを見つけました。

私はちょっと不思議に思ったので、これは何かと聞いたところ、このロゴをつくっている人がデザインしたブログで、言葉も考えてくれたとのことでした。彼がブランディングの専門家だとわかりました。

その話を聞いたとき、すぐに私でもできると思い、できるだけ詳細にサービス内容を聞き出し、ビジネスの全体像の叩き台をつくったのが始まりで、私のブランディングプロデュースがスタートしたのです。

次に出版プロデュースですが、友人の出版プロデューサーとの雑談の中でノウハウを聞き出し、さらに私自身がお客様になって体験し、その後サービスとしてスタートしました。この二つは当社の人気メニューでもあります。

「コラボ思考」が、ビジネスを何倍にも広げる

ビジネスをしている人は、例外なく全員が、自分が儲かる提案には耳を貸してくれ

ます。理由は、ビジネスの根幹は、利益を上げることであり、儲けはいつも頭の中にあるからです。もちろん建前上は隠しているケースもありますが、本心は違います。だから一言で言ってしまうと、自分が儲かる話に興味がない人はいないのです。

なので、**相手が儲かるオファーを出すと簡単にコラボが成立**します。

私はコラボを提案するときには、最初からコラボありきで話を持ちかけることもありますが、まったくの雑談の中で、突然コラボ思考が頭の中に生まれてきて、その場で提案することもあります。

このときに大事なことは、**「相手の儲けを優先する」**こと。

もちろん自分も利益を上げなければいけないので、どこで自分のお金が生まれるか考える必要があります。

そこで大事なのは、**徹底的なヒアリング**です。

徹底的なヒアリングというと、質問攻めにするのかと誤解される方もいますが、まったくそうではありません。

楽しい、肩肘張らない雑談の中で、スムーズに相手の仕事の現状や問題点などを聞き出してしまうのです。

ちょっと下世話なテクニック論になってしまいますが、人は褒められるといい気分になります。ですから、**相手を褒める**ことはとても重要です。

しかも褒められて気分が良くなった人は、心をどんどん開いていき、そんなことまで話していいの？という部分、まさに本音の話が始まるのです。

ここで大事なのは、「**聞き出そうとしない**」ことです。相手が気分良く自分から話してくれる流れに持っていくことです。

このアクションを取っていくと、**大事なコラボ・ポイントが見えたり、現在困っていることがわかったりする**ので、その部分を解決する提案をすればいいのです。

また自分がコラボするのは不可能だと感じた場合でも、相手に合うコラボ人脈を紹介することで喜ばれるなど、結果的には、自分にも恩恵が巡ってくるケースがほとんどです。

「コラボ思考」を持つとビジネスの可能性が何倍にも広がるので、ぜひ試してみてください。

儲けを減らして、リスクも減らす

世の中、欲張っていいことは一つもありません。自分が欲張るということは、逆の言い方をすると相手が損をしているのです。

全体の取り分を100とすると、自分が欲張って70欲しがると、相手は30でモチベーションが上がりませんし、はっきり言って仕事の手を抜きます。

また、自分が欲張って取り分を多くするということは、マイナスに振れたときの責任も70になるので、ある意味、ビジネス的には大変怖いことです。

私の場合で言うと、ビジネスの種類やタイプ、仕事量にもよりますが、利益配分は大抵の場合、コラボ相手に希望を聞いてそれに合わせるものの、折半がほとんどです。

なぜ折半がいいのかというと、いちいち設定を気にせず、お互いに全力投球できるので成果が上がりやすいし、力の出し惜しみもないので本気になれるからです。

ある方とコラボしたときの話です。当時成功者と呼ばれていましたが、とにかく欲が深い人で、一度決めた設定を何度も変えようと提案してきます。しかも仕事は全部丸投げで、お金だけ欲しい最悪の人でした。私も当初は我慢していたのですが、限界が来てわずかな期間でコラボを解消しました。

欲をかきすぎると、結果的には、自分の利益を上げるビジネスを失い、評判も落としてしまうのです。

欲をかくと良くない側面は他にもあります。それは、**リスクも高くなってしまう**ことです。欲をかくということは、それだけお金も出して、責任も負うことになります。何か問題が起きたときにも、先方に「私はそもそもそんなに責任を負う立場ではないので、トラブル解決はあなたにお任せします」と言われてしまいます。

また想定外の出来事で出費が必要なときに、欲をかいた分、お金も多く出す必要があります。それに先方には旨味がないので、はなからそこまで力を入れてもらえませんし、お金も出してくれません。

欲のかきすぎは、百害あって一利なしです。

「お金のなる木」のビジネス思考ポイント

ビジネスは簡単です。決して難しいことはありません。まずは、その思考を持つことが大事です。一言で言うと、**世の中の困っている人を助けてあげれば、お金に変わります。**

世の中には難しい経営の本がたくさん出ていますが、手軽に始める新規事業では難しいロジックはいりません。私自身も凄くシンプルな思考でビジネスをしています。売上げ、経費、利益、この3つだけに焦点を絞れば十分です。

何をやるかを決めるときのポイントは、**自分が好きなこと、没頭できること、時流に乗っていることで、その商品を欲しがっている人がいる**ということ。

よく巷には「好きなことをやれば成功する」という話もありますが、**何をやっても上手くいかない人は、「ビジネス思考」が抜けています。**

つまり、**それを欲しい人、そのサービスを受けたい人がいない**のです。これだと誰がやっても上手くいきません。

趣味でお金を生むつもりがなければいいですが、多少でもお金を稼ぎたい場合は、**マーケットがあること、またはつくる思考も重要**です。

たとえば、趣味がコマ回しなら、親子向けに「コマ回し教室」を開催することも可能です。これも一つのビジネスになり得るのです。これは、趣味から需要をつくってビジネス化する思考です。

コラム4

自分のまわりに普通に転がっている稼ぎのネタ

稼ぎのネタは、どこにでも転がっています。

それを見つけられる人とそうでない人の差は、アンテナを張っているかどうかです。常にアンテナを張っていると、なんでも稼ぎのネタになります。

たとえば、私の友人で面白いビジネスを始めた人がいます。彼の本業はビジネスプロデューサーなのですが、とにかく人脈が広く多様なので、いろいろな人から頼まれごとをされたり、質問されることが多かったのです。

それには無料で対応していたのですが、あまりに多いので、それを商売にする案を考えました。それが、**月額課金制でなんでもお世話をするお世話ビジネス**です。

つまり、知っていることや業界の人脈を紹介して相手のお世話をして、毎月お金をもらう「サブスクスタイル」です。

意識してアンテナさえ張っていれば、稼ぎのネタはゴロゴロ転がっています。

仕事というのは、世の中の困りごとを解決するためにあります。だから、何かに困っている人がいたら、それを解決する人を探して紹介するだけでもビジネスになりますし、解決策を自分が提供できればそれもビジネスです。

たとえば、宅配食材の提供、高齢者のお使い代行、スマホのガラスコーティングなど、なんでも日常にあります。

他にも、ファッションに自信がなく、自分がどんな洋服を購入したらいいかわからない人に向けた洋服お買い物同行や、恋愛下手な人に異性に対するアプローチ方法を教えるなど恋愛指南をする恋愛サポーター等々、いくらでもあります。

つまり、**困っている人を助けてあげることがお金に変わる**のです。

早速今から、自分のまわりにある稼ぎのネタを探してみてください。日常にゴロゴロ転がっているはずです。

第5章

成功ノウハウを手に入れる成功者との接し方

まずは、成功者と「信頼関係」を構築する

異業種に参入して結果を出していくには、異業種の成功ノウハウが不可欠です。そのためには、異業種の成功者と接して信頼関係を築き、成功ノウハウを手に入れる必要があります。

ここはなかなか難しい側面がありますが、ある意味コツもあるのです。

ここで私の経験を交えて、そのノウハウを公開していきます。

世の中の成功者と言われる人は、自分を慕ってくる人に対して意外に寛容です。このあたりは私自身も驚いた部分ではありますが、意外に受け入れてくれるのです。

今でこそ、セミナー事業は私のメインコンテンツでもありますが、当社としてはまったくの異業種でした。当然のことながらノウハウなどなく、やり方もわからない初心者です。

当時の私は、成功者の音声ＣＤを聞くのが大好きで、一時期、グレコのギターで有名な世界のギターファクトリー、フジゲン株式会社創業者の横内祐一郎氏のＣＤをよく聞いていたのです。

ちょうど1冊目の本を書いていたときで、本の中に尊敬する方の話を入れるくだりがありました。私は迷わず横内氏について知っていることを紹介したら、なんと8ページも書いてしまったのです。

その本の刊行後、横内氏に献本させていただいたことでご縁ができ、彼の自宅に招かれ、お話を聞く機会を得ました。その日午前11時に伺う約束をして、午後0時（12時）から食事というスケジュールでご自宅でお話を聞いていたのです。

横内氏は話に没頭しており、約束の午後0時を過ぎて、午後1時になったときでした。

彼は言いました。

「後藤さん、今何時ですか？」

私は答えました。

「今は午後1時です」

すると彼は、

「もう約束の12時を1時間も過ぎています。通常は、もう1時間も過ぎていますよとか、心の中にそのような感情が表れ、目の中にその動きが出るのですが、あなたは一切それが出ず、一心不乱に私の話に聞き入っていた。その聞く姿勢は素晴らしい、さあ、ご飯に行きましょう」

と言われたのです。

つまり、話を聞く態度を褒めていただけたのです。

横内氏の話が長くなったのは他にも理由がありました。私自身が彼のCDを擦り切れるほど聞いていたので、彼の人生経験話のくだりで知っている部分も多く、時折質問をしながら聞いていたのです。

成功者と会う機会が与えられたときに、手土産を持って行くことももちろん大事ですが、可能な範囲で**その方の事業や経験を調べていくことも、成功者の信頼を得るために必要なこと**です。

さらに、**自己主張は程々にして、相手に興味を持ってお話を聞かせていただくスタ**

ンスが大事です。

それを示すこんなくだりもありました。食事中に横内氏の話と側近の女性の話を交互に聞きながら頷いていると、「あなたほど人の話の腰を折らないで聞ける人は珍しい。素晴らしい態度です」と言われたのです。

この経験もあって、さらに人間関係が深まることになり、なんとセミナー未経験の私が、横内氏の勉強塾「横内塾」の主催と運営を任されることになったのです。

このときの私はまったくセミナーの経験がなかったのですが、彼は、

「あなたには私の塾を成功させるノウハウと実力は、まだありません。でもあなたのまわりにはそれを成功させる人がいるはずなので、その人とつながりなさい」

と言われました。

その後、私は二人の先輩著者にお声がけして、塾の協賛をお願いすることにしたのです。当時の私はメルマガもやっていなかったので集客力はほぼゼロですが、お二人にはそれぞれ５万人の読者がいたので集客に成功し、会場が平日の長野の山奥のお寺

にもかかわらず、1人5万円で50人以上が集まり、大成功させることができました。

もちろんお二人の先輩著者は横内氏とのご縁ができますし、世界一の男の塾の協賛ということでブランド力が上がるメリットがあり、私もお二人のセミナーノウハウと集客力を使えるという相互メリットがありました。


成功者に信頼され人間関係を築くには、**まずは相手に興味を持ち、自己主張は程々に、ギブの精神だけを持って、「頼まれごとは試されごと」の精神を持って接し、相手にメリットのある提案をしていく姿勢が大切**です。

この姿勢が素晴らしい人間関係に発展します。

のちに、私は依頼を受けて世界一の男のプロデューサーになったのです。

成功者の「プライベートの話」をしっかり聞く

成功者の話を聞くときのポイントとして、**仕事以外の「プライベートの話」をしっ**

かり聞くことも重要です。仕事の話はもちろん大事ですが、ある意味話す相手も構えていて、それがプライベートの話になると、心の鎧が外れ、本当の意味の人間性が出てきます。

私がよく聞くのは、**趣味の話、ご家族の話、また過去の話**です。

これは私の理容師という職業柄、覚えたテクニックと言っても過言ではないでしょう。ヘアサロンにいらっしゃるお客様は一部の人を除いて、プライベートの時間を使ってご来店いただいている方がほとんどです。

つまり、半分はリラックスの時間も兼ねて来ています。そんなときに、仕事の現実に戻るよりは、気軽に趣味の話などで盛り上がることが多いのです。

まれに、「ここまで私に話していいの？」というぐらい、自己開示してくださる方もいます。つまり、心がオープンになって気分が良くなっている状態です。

この感じは成功者とて同じで、仕事の話を聞きながら、ある程度その話が終わった後に、お休みの日の過ごし方やご家族のことなどを、失礼にならない距離感を意識しながら聞いていくのです。

すると相手は徐々に話を始め、それを興味を持って適度な質問をしながら聞いていると、どんどん自己開示して、私を近い存在として認識してくださるのです。

そのような流れの中で信用していただくと、面白い現象が起こります。

「じつは後藤さん、面白いことを教えます」

などの前置きが入って、**通常では話さない、お仕事のポイントの話や、シークレットの重要なお話が始まるのです。ここで、コラボの話や事業参入するときのポイントやサポートなどの話に発展することが多い**です。


先に話した横内氏の横内塾の開催会場として、あるとき長野県の松本城城主小笠原氏の菩提寺「廣澤寺」を2日間貸し切りにしてもらう交渉に行ったときです。

最初に対応してくれたご住職は、お忙しくて5分程度で席を立ってしまい、私は90％諦めモードだったのですが、その後対応していただいた奥様の世間話を2時間聞きました。

そろそろ私も帰らないといけないと思っていた次の瞬間に、奥様からOKサインが出たのです。ご住職には私から伝えておきますと、2日間の貸し切りが許可されました。

そればかりか、その後セミナー会場のレイアウトを一緒になって考えてくれたのです。その2時間の間は、ほとんど奥様のプライベートの話や雑談であり、仕事の話は一切しませんでした。

つまり、**プライベートの話をしっかり聞くことが、成功者の心の扉を開くカギであり、信頼関係を構築するポイント**なのです。

さらに、**成功するノウハウやスキル、ポイントを教えてもらう大事なファクター**でもあるのです。

成功者の「陰の部分や悩み」に耳を傾ける

成功者の話を聞くときに、他にも重要なポイントがあります。

それは、**成功者の「陰の部分や悩み」を聞き出す**ことです。成功者は世間体がありますので、本当に心を許した人にしか陰の部分や悩みを打ち明けません。

ちょっと面白い話ですが、人はあまり近い存在でない第三者に悩みを打ち明けるケースが多いと言われます。

これには、多分に心理学的な要素もあるでしょう。私などはコンサルタントとして個人セッションを多くするのですが、かなりの方が、陰の部分や悩みを打ち明けてくださいます。これは信用してくださっている証拠でもあるので、本当にありがたいと思っています。


さて成功者の場合でも、あまりに近い存在で、本人のまわりの人間関係を深く知りすぎている人には、本音が言いづらい側面もあります。

近いがゆえに逆に言いづらいのです。その点では、ある程度の距離感があって、信頼を持てる人には、とても話しやすいのです。


ある有名な経営者と仕事のミーティングでお会いしたときのことです。様々な仕事の話が一通り終わった後に、彼が私の家族について聞いてきました。

私は二人の息子がいることや、当時彼らがまだ大学に通っていて都内に住んでいることなどを話しました。その後、息子たちとの関係を聞いてきたので、特に問題はなくいたって良好な関係だと話しました。

すると彼が小声で話し出しました。「私は息子との折り合いが悪くて、わかり合えないんですよね。凄く距離がある感じで」と寂しそうに笑いました。

「後藤さんと年代は変わらないんですけど、後藤さんのように打ち解けないんです、後藤さんが息子なら良かった」と、冗談を交えながら言いました。

なぜ、彼が私のことを「本当の息子なら良かった」と言ったのでしょうか。

私なりに考えてみると、**私が彼の話を遮らないで最後まで聞き、彼が新たなことに挑戦しようとするときに、いつも応援する姿勢をとっていた**からだと思います。

彼の息子さんは、いつも話を途中で遮り、何かをやろうとすると、「もう歳なんだから、あまり無視しないでいいのではないか」と、彼の行動やチャレンジを好ましく思わないとのことでした。

人は何歳になっても自分の人生をエンジョイしたいものですし、挑戦もしたいので、それを常に遮ってしまう息子さんの態度が気に入らなかったのでしょう。

ですから、**「人が何かをやろうとするときに応援するスタンスは、相手の心を開かせるとともに、味方に引き入れる魔法の行動」**でもあるのです。

このような人間関係をつくるときに大事なのは、まずは、**「相手に興味を持って話を聞き、さらに挑戦を後押しして相手の思いに共感し、最強のサポーターになって応援すること」**なのです。

このときに、相手の話を遮って自分の意見を言うことは、一番やってはいけないことなので肝に銘じましょう。

成功者の悩みを聞いたら、自分も悩みを打ち明ける

さて、ここまで成功者との良好な人間関係を築く接し方をお話ししましたが、それ

だけでは、仕事のノウハウを聞き出す流れをつくるためには不十分です。**相手が自分の陰や悩みの部分を打ち明けてくれたら、今度はあなたも自身の悩みや陰の部分を打ち明けるのも一つの手です。**

もちろん悩みや陰の部分がないのに、無理やり話をつくる必要はありませんし、無意味です。

でもプライベートにせよ仕事にせよ、悩みや失敗談がまったくない人はいないでしょう。その部分をお話しすればいいのです。

たとえば、

「現在私は古民家ホテルを1棟所有して運営していますが、２棟目も視野に入れて物件探しをしています。

でも、不動産に関しては私は門外漢ですので、なかなかいい物件が見つかりませんし、物件の見立てもわかりません」

というように、**自分が今仕事で悩んでいる話**をしてもいいでしょう。

じつはこの話はたとえ話ではなく本当の話で、当社のヘアサロンのお客様で不動産を所有している方に実際に相談した内容です。

そのときに彼は、ご自身の親類筋に当たる人の空き家物件を紹介してくださいました。

しかも私に興味があれば、仲介に入って値段交渉も含めてやりましょうと、そこまで言ってくれたのです。

彼とは、普段からお互いの仕事の話や仕事上の悩みなどを話していたので近い存在でしたが、通常ではそのようなオファーはしてくれないでしょう。

実際に物件を何度も見に行き、凄く良かったのですが、サイズ感が大きいのと、修繕費を考えると、ちょっとハードルが高かったので撤退しました。

それでも不動産に関する情報をかなり細かく教えていただきましたし、上手くいくコツや気をつけるべきことなどもご教授いただきました。


世の中には「鏡の法則」というものがあります。

これは、「**相手の自分への態度は、自分が相手に取っている態度の裏返しでもある**」

という意味です。

この視点から考えても、相手が自己開示したら、自分も自己開示する。あるいは自分から先に自己開示すれば、相手も鏡の法則により自己開示してくれるものです。これも、強力な人間関係をつくる秘訣の一つと言えます。

成功者と同分野に参入する場合、「相手の利益」を脅かさない

複数ビジネスを展開するには、興味のある業態の成功ノウハウを得て、さらに参入することも視野に入れて考える必要があります。

先に説明したやり方により、参入希望分野のノウハウを成功者から手に入れたとしましょう。その後は、相手に自分も同じ分野に参入してみたいという意思をやんわりと伝える必要があります。

そのときに重要なのは、**「成功者の利益を脅かさないプラン」**であることです。

わかりやすく言うと、**商圏やターゲット層が違うなど、成功者のライバルにならな**

いことが**大前提**です。

もしあなたが、参入したい分野の成功者と同じ場所で開業するなどライバルになり得るなら、話はトラブルへと発展しますので要注意です！

先の不動産情報をくれた社長は、基本的には賃貸物件を扱っていて、ターゲットは、家賃を払って物件を借りたい人です。

それに引き換え、私の場合は、旅行者向けの民泊物件、もしくは旅館業の分野ですから、同じ不動産でも分野が違うので、その社長の利益を脅かすことはありません。そのため商圏が同じでも問題が起きません。

また、もし私にアドバイスいただいた方が、まったく同じ宿泊業だとしても、場所が被らなければライバルにはなりません。

他にも私がやっている出版プロデュースの仕事でも、ノウハウを教わった同業者には、仕事を依頼するときにそれなりのマージンを払っているので、こちらもトラブルにはなりません。

むしろ先方は、集客もしないでお客様が来たり、マージンを得ることができるので悪い話ではないのです。

ただやはり同分野への進出の話ですから、あまり焦らずに徐々に人間関係を構築しながら話を進めることが重要です。

私の知人が、ある分野に参入する際、最初に相談した人から信頼を得て、成功のノウハウや人脈を紹介してもらったのですが、その人は重大なルール違反をしました。最初に相談した人から紹介してもらった方と組んで、その方のライバルになり得る業態でビジネスを始めてしまったのです。

彼は、業界の重鎮を敵に回してしまったため、最終的には上手くいかなくなり撤退を余儀なくされました。

成功者に「ビジネスコラボ」の提案をする

他にも、他業種に参入するためのとても簡単な方法があります。

それは、**すでに成功している人と「ビジネスコラボ」してしまう方法**です。

この方法は私が一番得意としている、後藤流仕事術の核心的な手法で、失敗の確率がもっとも低いのです。

すでに成功している人とコラボする場合の利点は、成功が約束されていることです。

成功するための人脈もノウハウもスキルもすべてあるから、成功しているわけです。

そういう方と組めるなら、これほど嬉しいことはありません。

さて、ではどのようにしてコラボの話に持ち込めばいいのでしょうか。一番大事なのは、**人としての信頼関係の構築**です。ここでも先にご紹介したトーク術やヒアリングテクニックが必要ですので、しっかりマスターしてください。

まずは、**最初にどのようにして接点を持つかが重要**で、二通りの方法があります。

一つ目は、その会社やその人が商品を販売していたり、サービスを提供していたら、**「お客様」になる方法**です。その人が提供しているイベントに参加したり、メールでやり取りを始めるなどして、その人と接点を持つ方法です。

これが一番ハードルが低く入りやすい方法と言えます。

もし、ターゲットが著者であるならば、まず書籍を購入して、読後感想文を送るといった手もあるでしょう。あるいは、セミナーに参加するのもいいでしょう。

レストラン経営者なら、ご飯を食べに行って知ってもらい、常連になってしまえばいいですし、ホテル経営者なら、そこに宿泊するなど、方法はいくらでもあるはずです。私の古民家ホテル経営も、雑談→人間関係構築→コラボスタートの流れです。

私がコンサル業界に参入して本を一冊出したころは、お近づきになりたい成功者の本をまず購入し事前情報を得て、その後セミナーに参加したり、サービスを購入したりして接点をつくっていました。

セミナーなどは、その後懇親会が必ずあるので、そこで人間関係を構築できます。

その結果、多くのコラボセミナーや合宿を行うことができました。

先にお話ししたフジゲンの横内氏のケースでは、最初に私が本に書いたこともありますが、私は横内塾という塾の1回目に参加して接点をより深くして人間関係を強化しました。

そのときに、横内氏の頼まれごとを快く引き受け、結果を出したことで信用を得たのも大きかったと思います。

その後2回目の塾の主催を任されたのですから、このときのアクションが良かったのでしょう。これも、最初にお客様になって相手に利益をもたらしたからできたことです。

いずれのケースでも、**まずは何らかの形で相手に利益をもたらすことが、スムーズにいくコツ**なのです。初めて会う人に手土産を持参するのも、そのためでしょう。手ぶらで行くより当然、相手の自分への印象は良くなります。

二つ目は、**人を介して紹介してもらう方法**です。この方法は仲介者に仲間として自分のことを認めてもらうなど、ある一定の条件を満たしていないとできないので、少しハードルは上がりますが、いろいろプランを立てて思考すれば、必ず紹介してもらえる方法は見つかります。

まずは、**失敗を恐れず行動することと、あまり焦らずにゆっくり攻めていくことが重要**です。急がば回れの精神で、じっくりいくことが結局最短の道なのです。

コラム5

「人の成功レシピ」を真似れば、あなたも上手くいく！

世間で言う成功者は、「人の成功レシピ」を真似るのがとても上手です。真似ると言えば語弊がありますが、結局は何らかの手を使って上手くいく方法を入手して、それを自分流に焼き直してスタートしています。

私たちコンサル業界で、「ＴＴＰ＋Ｂ」という隠語があります。ＴＴＰ＋Ｂは、言葉は悪いですが、「**徹底的にパクっ（真似る）て、ブラッシュアップする**」**の略**です。

世の中にはいろいろなドロボーがいますが、人の物を盗めば、窃盗で逮捕されます。人のエネルギーを盗むのはエネルギーバンパイヤー、相手のエネルギーを吸血鬼のように吸い取ってしまいます。コンサルティングをやっていると、そのような人もたまに見かけます。彼らは逮捕されませんが、凄く嫌がられるでしょう。

ところが、**ＴＴＰ＋Ｂは、しっかりお金を払って入手するか、無料で参考にしても**

いいですかと聞いてOKなら、問題なし。

もちろん真似るだけでなく、しっかり自分流に焼き直して、新しいものとしてスタートします。現在はコンプライアンスも厳しいですから、そのあたりは慎重にやってください。

でも、売ってくれるケースもあるので、買うという手もあります。さらに上級になると、コラボして全部無料で手に入れることもできます。これはある意味、後藤流ですね（笑）。

「日の下に新しいものなし」という言葉がありますが、「世の中のものには、本当に新しいものはなく、これまでにあったものに多少の手を加えて新しい形に変化させたにすぎない」という意味です。

必ず元ネタがあって、それを参考にリメイクしていることがほとんどで、それが一番上手いのは、成功者と呼ばれる人たちです。

彼らのやり方を「真似れ」ば、誰でも簡単に新規ビジネスで結果を出すことができるのです。

第6章

複数ビジネスづくりの7つのステップ

ステップ1 「好きなこと、楽しめること、流行りごと」を書き出す

この章では、実際に複数ビジネスをつくり出す「7つのステップ」をご紹介します。

ビジネスを成功に導くためには、「好きなこと、楽しめること、流行りごと」が、ある意味一つの条件です。

『論語』に次のような言葉があります。

「これを知る者はこれを好む者に如《し》かず。これを好む者はこれを楽しむ者に如かず」

その意味は、「**知っている人より好きな人のほうが上で、好きな人より楽しんでいる人のほうが上。つまり、楽しんでいる人には誰も勝てない**」というものです。

なので、「楽しめること」を優先してビジネスを選んでみましょう。

では、早速、ノートもしくはワード、グーグルドキュメントなどに書き出してみま

す。スマホのメモ機能もお手軽でいいかもしれません。

その際は、「好きなこと、楽しめること、流行りごと」というキーワードを念頭に置くことを忘れないようにしましょう。

ポイントは、あまり深く考えず、このことに関しては、**時間を忘れて没頭できるとか、人に話しているとワクワクしてくるとか、なんとなく上手くいきそうだとか、成功しそうな予感がする、**などの感情も大事にしてください。

私が最初に選んだヘアスタイリストの仕事ですが、髪の毛をセットすることは、私自身は好きで得意なことでした。学生時代から、毎朝髪をセットすることは、全然苦になりませんでしたし、友だちからも、いつも髪の毛が決まっていると褒められたりしていました。

学生時代にいつも髪の毛が決まっていて、ある英語の先生にこんなふうに言われたことがありました。

「君はいつも髪の毛が、ばっちり決まっているから、将来は『バーバー後藤』だね」

でもこれが現実になってしまいました（笑）。

私がヘアサロンで成功できたのは、好きで楽しめることだったからなのは言うまでもありません。初めてサロンに入店して、最初の3年間は、夜11時より前にお店を出ることがなかったほど、練習に没頭していました。これは、まさに好きで、楽しんでいたからでしょう。

最初の複業のショットバーは、まさに、そのお店に入り浸っていましたし、カウンターで飲みながら、いつも「こんな素敵なお店が自分のお店だったらいいなー」と想像しながら飲んでいたのです。これが現実になった感じです。

日焼けサロンは、自分自身が日焼けしたかったのですが、日サロに通うのは面倒なので、自社のヘアサロン内に個室をつくり、日焼けマシンを購入して利用していたのです。

その後、ヘアサロンのお客様から使いたいという要望が増えてきたので、自社ビル2階に正式な店舗としてオープンさせたのが始まりでした。

この二つをとってみても、ビジネスが上手くいくためには、好きなこと、楽しめることがど真ん中にあるのです。

ステップ２　新規事業候補が決まったら、必要な情報を集める

さて、参入する分野が決まったら、次はリサーチです。

現在は便利な時代で、ネットでなんでも検索して調べることができます。

私のおススメはYouTubeです。もちろんテキストベースで調べることも大事ですが、動画だと見るハードルが下がりますし、気軽にストレスなくリサーチができます。

何事もあまりハードルは高くないほうが、継続する可能性も高まりますし、飽きずに続けられます。


ここでのリサーチのポイントは、いくつかあります。

まずは、**参入したい業界の全体像を把握する**ことです。いったいどんな業界なのかをしっかり見極めていくのです。

じつはこのリサーチ時点で、やっぱりやめようという判断が出てくることもあります。それはまったく問題ないことであり、そのためのリサーチでもあるのです。

自分が好きで楽しめそうだから選んだのだけれども、実際に調べてみたら、かなりハードルが高そうだとか、上手くいかないケースがたくさん出てきて不安になってしまった、などはよくあることです。

始めてからの失敗は大問題ですが、**リサーチ段階の失敗や撤退はあり**です。

私自身も一軒目の古民家ホテルである程度いい結果が出ているので、2棟目を始めるべく、ネットでリサーチしているのですが、リサーチすればするほど、その難しさがわかってきますし、慎重さが必要だと感じる部分もあります。

初期投資の大きいビジネスなので助成金と絡める必要があるなど、いろいろわかってくるのです。

ちょっと話はそれますが、私の思考法の中に、次のようなものがあります。

ある業界を参入候補に挙げて調べていき、初期投資や利益率を加味したうえで、どれくらい稼げるか弾き出したときに、「**この金額と同じ利益をもっと簡単に上げる方法があるとしたら、どんなものがあるだろう**」というものです。

そのように考えると、意外にもっと手軽に同じ金額を稼ぐ方法が自社内や身近に存在する場合もあります。このケースでは、あえて初期投資をして、新規ビジネスをやる必要があるのかと自問自答することもあります。

大事なことは、「**あまり前のめりにならず、常に冷静にあらゆる角度から検証する**」ことです。この段階での失敗や検証はどんなにしても、やりすぎということはありません。

逆にこの段階でのリサーチが甘いと、実際にスタートしてから、しまった、しくじったということも出てきてしまうのです。

成功の可能性、成功者の声、実際に失敗した人の話など、ネットでいくらでも出てきますので、それらを可能な限りチェックしたうえで自分でもいけそうだと思った案件なら、飛び込んでいっても大丈夫でしょう。

私は凄く慎重派なので、リサーチとお金の計算は念入りにやります。

さらに、成功するケースと失敗するケースをよく見極めて、二つの違いは何かをしっかり把握して、絶対に転ばない準備をしてからスタートすることが大事です。

ステップ3　どれくらいのお金がかかるかを計算する

さて、次は大事なお金です。**お金の問題は、参入するかどうかを判断するうえで一番大事な側面**と言っても過言ではないでしょう。

まずは**初期投資**です。初期投資もピンキリで、小さく始められるケースもあれば、大きい金額が必要な場合もあります。

また案件によっては**補助金や助成金**を使えるケースもあるので、慎重に調べる必要がありますし、助成金を申請する場合の、**申請コンサルタントの費用**も考えておくことが大事です。

これは意外に知らない人も多いのですが、助成金を申請して採択された場合、その採択証明書があれば、銀行は費用を融資してくれます。

補助金は見積もりの全額ではないですが、75％とか65％の補助率は多いので安心です。実際、私も古民家ホテルでは、５００万の補助金を受けました。

助成金と実際の経費の差額分も、銀行融資に頼れば、最初の自己負担を0円でスタートできます。当社の太陽光パネルも、このスタイルで設置しました。

これも助成金システム利用の利点です。つまり自己資金がなくてもスタートできるわけです。

助成金の場合、素人が申請しても採択されないケースが多いので、迷わず予算に組み込み、プロに依頼しましょう。当社でも様々な助成金の恩恵を受けていますが、すべてプロのコンサルタントに依頼しています。

ここでのリサーチでも、業界の専門家の話をネットでたくさん見聞きすることができます。私の場合は、一番少ない初期投資をまずは調べます。

どんなケースがあるのか、少ないケースのメリット、デメリット、そのあたりもよく調べます。

逆に大きな投資の場合は、もちろん銀行融資は必要になってくるので、そのあたりのリサーチも同時進行でしなければなりません。

初期投資の大小含めて弾き出すことができたら、次は**ランニングコスト**を調べます。ランニングコストは自分に都合良く考えないで、ちょっと多めの試算をしておきましょう。

だいたい経費などの固定費は、試算より多くなることがほとんどですし、突発的な出費があるケースもないとは言えません。ですので、多め多めで保険を打っておきましょう。

次は**利益**です。一番上手くいったときの売上げと、一番ダメなときの売上げを同時に考える必要があります。そのうえで一番悪い売上げでも収支が合うことが重要です。つまり最低のケースでも、経営できるプランが必要です。

よく土地を持っている人に、アパート賃貸を推奨する投資話で、事業プランを先方がつくって持ってくる場合がありますが、大抵の場合、一番いい収益モデルを想定しているので、ほとんど絵に描いた餅の状態です。

また、初期の入居率を確約する業者もいますが、自社の社員に住まわせて、さも一般の人が入居しているように見せかけるケースもあります。

知識がない人を情報弱者などといいますが、情報に疎いと、それにつけ込んだ悪徳業者に簡単に騙されてしまうケースもありますので、しっかり情報を入手して取り組む慎重さが必要です。

ステップ４　参入するビジネスの成功者に、お客様になって接触する

参入する分野のリサーチとお金の計算ができたら、業界のリアル成功者の話を聞きましょう。その場合、先にご紹介した「**お客様になる方法**」が一番手っ取り早いでしょう。

たとえば、最近YouTubeでＤＩＹが流行っていますが、私もたまに見ています。

当初はまったく興味がなく、ＤＩＹ系の番組を見ることはなかったのですが、実際に

古民家ホテルのオーナー業を始めてからは、多少のＤＩＹ技術は自分にも必要だと感じたからです。

そんな流れで番組を見ていると、番組の内容が、中古住宅物件や、古家つきの土地を購入してＤＩＹして、賃貸で貸したり、リフォーム後売却したり、民泊業を始めたりする類のものだったので、さらに興味が湧きました。

内容を見ていて、物件を購入してＤＩＹして売ったり、宿泊業をするのは自分にはハードルが高いと判断したので、その路線での参入はＮＧと決めたのですが、ちょっと不思議に思ったのが、なぜ素人がこんなに簡単そうにＤＩＹできてしまうんだろうということでした。


そこでさらにリサーチすると、ＤＩＹチャンネルの主催者が、チャンネル読者向けにＤＩＹ塾を開催しているのがわかりました。この塾では、ＤＩＹのノウハウや、失敗しないための様々な有料情報を提供していました。

さらにこの塾では、主催者がいい物件を見つけると、塾生に紹介もしていたのです。

これなどは、まさに参入時に業界の成功者のお客様になって、成功ノウハウを手に入れられる実例です。

私自身も先にご紹介した通り、セミナービジネスに参入するときには、その分野の著者の本を購入して情報を得て、さらにセミナーに参加して、その後塾に入り、セミナーノウハウをゲットしていました。

確か参入して最初の仕事は、その先生とのコラボセミナーだったと思います。報酬はありませんでしたが、内側からテクニックや方法、思考などしっかり取得させていただきました。

結果的にお金では買えない知的財産になり、その後大きな利益を当社に生み出しています。

もちろんYouTubeの情報も優良ですが、**成功者から本物の成功法則を得ることが一番重要**で、成功の確率が格段に上がります。

ステップ5　成功者との信頼関係を築き、アドバイスを受ける

成功者と接点を持つことができたら、さらに深く人間関係を構築する必要があります。そのためには、先に話したトークテクニックやヒアリング術を駆使して、より好印象を与え、近い存在であると認識してもらいましょう。

いくつかテクニックがありますが、もっとも大事なのは、**信頼関係が構築されるまでは、「頼まれごとは全部無料で引き受ける」**ことです。

もちろん先方がお金を払うと言った場合には、無理に断らなくてもいいですが、先方がお金の話を持ち出さない場合には、信頼関係構築費だと思って無料で引き受けることです。

私のケースですが、先のフジゲンの横内氏の場合も、最初の頼まれごとは全部無料でやっていました。そこで信用してもらい、ある程度実力も認めてもらったタイミングでプロデュース依頼を受けました。

こちらは、横内氏から、お金はすべてあなたに任せるとのお話をいただいたので、しっかり利益を上げさせていただきました。

また、私の人生最初のセミナーは、ある先生の塾で隣に座った塾メンバーの方の会社の会員様に向けたものでした。

こちらは参加者がすべて幼稚園の園長先生だったので、緊張しましたが引き受けさせていただきました。

このときにも少額のフィーでの登壇でしたが、そのセミナーを収録したＤＶＤ収益をパーセンテージでいただきましたので、結果的に収益はプラスになり、彼の会社で複数回登壇させていただきました。

別のケースでも、セミナー業界のキーマンの勉強会に参加したときに、人間関係ができて、その後彼のセミナーでお話しする機会を何度も得ました。

このケースでは、最初は無料でしたが、その後のコラボ合宿などでは、利益折半のスタイルで開催しました。

このときは、お金よりも価値が高い財産として、私のセミナーを聞いた彼のファンが私のファンにもなってくれて、メルマガ読者となり、その後、ブランディングや出版プロデュースの依頼を多く受け、結果的に多くの利益を生むことになりました。

このように私の場合は、一貫して**「すでに成功している人のインフラを使ったケース」**がほとんどです。

そして成功のポイントは、**「成功者との信頼関係の構築を最優先にし、さらにお金に執着していない姿勢」**ではないでしょうか。

ステップ6　単独かコラボスタイルかを決める

ここでは新規ビジネスを単独でやるか、コラボスタイルでやるかを決めていきます。

規模感が大きいものはコラボがおススメですが、ノウハウやスキルを学んだだけで、自分でできてしまう業種であれば、コラボにこだわる必要はありません。

たとえば、私の日焼けサロンなどは、ノウハウさえわかれば単独でできてしまう業種です。逆にコラボでやってもあまりメリットがないので、このような業種は単独がいいと思います。

私の日焼けサロン参入時は、ノウハウやスキルは、すべて日焼けサロン会社のスタッフから情報を得てスタートしましたが、ここでも**人間関係の構築があったからこそ、いろいろなノウハウを教えていただけた**と思っています。

もし日焼けサロン業者に対する私の態度が横柄で、上手く人間関係が構築できていなければ、業者もそこまで親身になって情報を流してくれなかったでしょう。

次はコラボ例ですが、私は数年間にわたって起業家塾を開催していたことがあります。このようなタイプの塾運営は、まったく経験がなかったのですが、あるマーケティング会社からのコラボ依頼で、１年間で複数回の塾を運営しました。

このときは、知人著者の紹介でセミナー会社の社長とお会いするご縁ができて、そこでの会話から一緒に塾をやる話になったのです。

そのコラボ形態は、塾集客や講演会、説明会などのセッティングはすべてセミナー会社が請け負い、私は塾生向けのセミナーとサポートを行うというものでした。

小さな単発の塾の経験はありましたが、1年間という長いスパンでの経験はまったくなかったので、すべてコラボ会社のインフラとスキームで運営していました。セミナーも沖縄、九州、名古屋、大阪、東京と、広範囲にわたり多くの会場で登壇させていただきました。

このように**コラボスタイルは、先方の知的財産や運営ノウハウをすべて使えるので、非常に賢いやり方**と言えます。ぜひ、人間関係を構築した後にトライしてみてください。

ステップ7 「負け」を排除して新規ビジネスをスタートする

私のビジネススタイルは、**最初から「負け」を排除しています。**

負けは他の部門にも影響を与えてしまうので、絶対に避けたいと思っています。しかし、それを実現するには戦略が必要です。

私のビジネス戦略は、「**勝ちか、悪くても引き分け**」で、**負けを最初から排除**します。良ければ勝ち、最悪でも引き分けで終わるプランを立てています。

ですので、**上手くいかない場合の「出口戦略」**もしっかりつくります。言い方を変えれば保険を何重にもかけて挑みます。

出口戦略をしっかり立てれば、当初のプランが上手くいかない場合でも、二の矢三の矢が放てるわけです。

その方法論としては、**最初に、起こり得るすべてのマイナス点、懸念点、問題点をピックアップ**します。

それら、すべての対処法を考えることで、最初から何が起きても困らない状態をつくりスタートします。

私は、上手くいかない経営者は、脇が甘いと考えています。生意気な物言いで恐縮ですが、**上手くいくことばかりに目が行きがちで、無意識のうちに悪いケースを見ないようにしている人が多い**ような気がします。

確かに、自己啓発の分野では、ネガティブなことは想像してはいけないと言われていますが、私にとっては、負けは何よりも避けたいネガティブなことで、最高の屈辱なのです。

ですから若いころに様々なビジネスに挑戦していたときも、もし私が失敗しても家族を路頭に迷わすわけにはいかないと、自殺でも下りるかけ捨て生命保険を2億円かけていました。絶対に負けない戦略の最終形です。

さて、古民家ホテルを例に挙げますが、運営会社とコラボでやっているので限りなく負けは少ないものの、運営会社のグループ施設でも撤退した施設はあるのです。

その理由を聞くと家賃が高額で固定費が高いのと、新型コロナの大流行の影響でやむなく撤退したということでした。

そこで私は家賃をなくすスタイルを提案しました。そうすれば、予期せぬ外部要因でも運営会社が撤退することはなくなります。結果的に、ホテル運営は継続できるので収益は入ってきます。

また、もしホテル運営が芳しくない場合でも、賃貸で貸し出せる仕様にリノベーションの段階で設計しました。

さらに、違った側面からの収入も得るために、古民家合宿やセミナーができるように、無料Wi-Fi、プロジェクター、ホワイトボード、ＰＣテーブルを用意しました。

実際に現在まで３回の合宿セミナーを開催し、ホテルの正規ルートの宿泊業としての利益だけでなく、セミナー、講座ビジネスとしての収益も確保しています。

今後は、個人マーケッターと組んで古民家セミナーイベントも定期開催プランでスタート予定です。

また何らかの事情で火災に遭った場合でも、初期投資が賄える金額を設定し、その後土地を売却した場合の金額まで弾き出しています。

他にも、古民家レストランとしての誘致や、他の業態での使用方法を考えて、駐車場を４台確保しています。

このように、どう転んでも勝ちか引き分けにできる、最初から負けを排除した緻密

な戦略が必要です。

複数ビジネスづくりの注意点

ここまで読んで、複数ビジネスづくりのステップを理解いただけたと思いますが、最後に注意点を書いておきます。

まずスタート時は、大風呂敷を広げないことです。はじめから大きな利益を目論んで、初期投資を大きくするのは危険です。大企業ならいいでしょうが、中小零細、または主婦やフリーランスなどの場合は、**小さく始めて大きく育てる思考が重要**です。

最初はアイドリング期間だと割り切って、試運転するつもりで始めるのがコツです。

現在、私はコンサルティングビジネスもしていますが、最初のコンサルティングフィーはかなり安い価格でした。

いきなり安くしてしまうのは、後々価格アップがしにくくなる側面もありますので、モニター価格と銘打って、多くの人を集め、自分の実績を積んだりお客様の声を集めたりするのも大事なことです。

その後、自信がついてきたタイミングで正規価格に戻せばいいのです。

新規事業の場合は、最初のキャッシュフローを良くすることが重要なので、オープンセールやモニター制度などを活用し、多少安くしてもより多くの人を集客することで、利益を上げていきましょう。

私も日焼けサロンをオープンしたときには、初回50％オフキャンペーンで集客し、2回目以降から利益を上げるスタイルで立ち上げました。

たとえ50％割引でも、本来は入ってこないお金なので、十分利益になるのです。

まずは、**人が集まりやすい戦略を立ててください。**

コラム6

失敗は存在しない!?

失敗は、ある意味「落とし穴に落ちる」ことと同じです。

ならば、**最初から落とし穴を塞いでしまえばいい**のです。本章でご紹介した7つのステップを踏めば、最早失敗したくてもできないはずです。

私は、**失敗は存在しない**と思っています。

失敗というのは、トラブルが起きたときに対処法がなく、「万事休す」の状態になることを意味します。

それなら、**最初から万事休すをなくしてしまえば、失敗は存在しません。**

たとえ思い通りにいかなくても、思い通りにいかないときの代替戦略があれば対処可能ですし、負けないのです。

先にお話しした、若いころにかけていた生命保険ではないですが、自分がコケても家族を負けに晒さない最終戦略として、お金が入るようにしておけば金銭的には負けにはなりません。

つまり、保険という仕組みを使って勝ったことになります。

私は往生際が悪いので、絶対に自分の負けを認めませんし、絶対に負けない戦略を何重にも張り巡らせて、ビジネスに挑みます。

このスタイルでビジネスをすると、神様もさすがに味方をしてくれます。これまでも何度も運の良さに助けられてきました。

これも負けないという信念があるからこそ、引き寄せの法則で得られるのです。

だから、結果はどんなに悪くても、勝ちか引き分けです。

第7章

参考にしたい複数ビジネス成功例

インフラ活用や成功者とのコラボで発展
——ヘアサロン＋古民家ホテル＋コンサルタント＋著者

この事例は、じつは私自身です。私は20歳で理容師の道に入り、24歳で独立してヘアサロンを持ちました。

当時はまったく経営のこともわからず、無鉄砲極まりない性格で、24歳の終わりに、まだヘアサロンに勤務している状態のまま、給料よりも高い家賃の店舗を借りてしまったのです。その3カ月後にお店を開店しました。

そのときの私は貯金が１０００円しかなく、これはネタではなく本当のことなんですが、知人を介して銀行融資を受けました。24歳の貯金なしの若造に銀行はお金を貸してくれるはずもないので知人を頼ったのです。

幸いにしてお店は順調で、開店して1年で地域一番店になりました。

なぜ、そんなスピードで一番店になれたのかというと、私が働いていたお店のオーナーがパーマコンテスト「スタイル部門」のチャンピオンであり、特殊技術のパーマスタイルで凄く有名で、毎月全国のヘアサロン経営者が見学に来て技術を学んでいく人気サロンだったからです。

私自身も、パーマの講習会にオーナーと一緒に行ったりしていました。

忙しい月は、１カ月８００万円を売り上げるサロンで、スタッフは12名、カットイスも12台のマンモス店でした。

このお店の成功法則とレシピをもらって独立したので、一気に人気店になったのです。

その2年後にショットバーを買収して、売上げも伸ばし、さらに日焼けサロン、美容室とグループ展開して、32歳までにグループ4店舗、1億円の自社ビルを持つまでになりました。当時の年収は２０００万円ほどでした。今は、10業種のビジネスに携わり売上げ合計は1億円以上、年収は……、会計上非公開です（笑）。

現在、携わっている10業種を細かく挙げると、**ヘアサロン、日焼けサロン、アパー**

ト賃貸、古民家ホテル、一般社団法人のコンサルティング会社、一般社団法人の英語スクール、12冊の本の著者、ブランディングプロデューサー、出版プロデューサー、セミナー講師、講演家など。これらの仕事を幅広くしています。

このどれもが、本書の中でご紹介した複数ビジネス思考から生まれたのです。

自分に能力がなくても、すでに出来上がっているインフラを使ったり、成功者とコラボしたりすることで、次々とビジネスが増えていきました。

自分個人で動くものもありますが、基本的にはポイントだけ関わって、他社様の力を借りて運営しています。

複数ビジネス思考のいいところは、他のビジネスが不調に陥っても、お金の流れが止まらないところです。

お金のなる木をたくさんつくれば、後は、水をやって育てていくだけなので、凄く楽な手法とも言えます。

本業の知識を活かす
――建築業＋民泊

同じ民泊をやっている知人のＳさんですが、ベースのメイン仕事は**建築会社の役員**です。結婚をして新築したのですが、奥様が亡くなってしまい空き家になっていました。その後、再婚したのを機に、現在は奥様の家に住んでおり、以前の家を民泊として活用しています。**住宅地にあるため、ご近所に配慮して、高齢者と女性にターゲットを絞って貸し出しています。**

若者だとお酒を飲んで騒いでしまうことを懸念して、年配者と女性に割引価格を設定して運営しています。

またご近所からクレームが来ないように、ご近所の奥様たちをクリーニングスタッフに雇っています。

通常なら住宅地の民泊はクレーム案件になりがちですが、ＢＢＱを禁止して、ターゲットを静かな利用客に絞り込み、なおかつ、ご近所にお金が落ちる仕組みをつくる

ことで、不満のガス抜きをしています。

彼も集客などの部門は大手の旅行会社に任せており、さらにクリーニングの一部やリネンセッティングなどを奥様の仕事にして、ご自身は建築会社の役員として仕事をしています。

普通の賃貸として貸してしまえば、手間いらずで楽なのでしょうが、収入に上限があり、それほど旨味がないので民泊として運用しているとのことです。

またご自身が建築関係ということで、DIY的な仕事はお手の物なので内装も綺麗にできています。

民泊ビジネスは、メインの仕事が建築業の方なら、本当に適した複業と言えるでしょう。何せリノベーション費用がグンと抑えられるので、これほどいいことはありません。

自分の才能を分析し、本業の可能性を広げる
――翻訳家＋著者＋英会話ティーチャー

Ｋさんは、私のクライアントであり、ビジネスパートナーでもあります。

彼女は元々**翻訳家**として国営テレビの人気番組の翻訳、大手車メーカーのパンフレット翻訳、国民的人気ボーカル＆ダンスグループのプロモーションビデオの監修などもやっていましたが、もっと仕事の視野を広げたいと、私のところに相談に来ました。

ヒアリングすると、**著者**としての才能もありそうだということで、出版のプロデュースをさせていただき、著者としてもデビューする運びとなりました。現在は、４冊の本を出版するベストセラー作家となりました。

彼女の場合は、メインビジネスが翻訳で、そこに加わる形で、本を書く著者としての仕事と、**個人に対するパーソナル英語レッスン**、さらには、お子様の英検サポート等々、翻訳以外の様々な才能が開花して、大いに活躍しています。

翻訳だけでやっていた時期は、仕事の収入に波がありましたが、**本業の可能性を広げ、複数の収入の道を確保したことで、安定した収入を得られるようになりました。**

それ以外にも大手美容室チェーンのオーナー、およびその関係者などエグゼクティブ向けのパーソナルレッスン、ベストセラー作家への英語レッスンの他、接客英語本も出版したことにより、各飲食店や美容室、銀座の有名ステーキハウスや恵比寿の高級すし店など、様々に活躍の場を広げています。

また、英語の発音にコンプレックスがある日本人や英語の先生に、ネイティブスピーキングを広めるための一般社団法人も立ち上げました。彼女も複数ビジネス発想を元に、仕事の視野を広げた一人です。

本業まわりを上手く組み合わせる
――エステサロン＋結婚相談所

Ｆさんは都内で**エステサロン**を経営しながら、**結婚相談所**も運営しているクライアントです。

メインの仕事はエステサロンですが、コロナ禍で売上げが落ちたタイミングで、何かいい複業はないかと探していたところ、雑誌で「結婚相談所が今熱い」という記事を見て、リサーチを開始し、大手結婚相談所とフランチャイズ契約をして、結婚相談所もスタートしました。

元々エステサロンは、女性を綺麗にする場所であり、ある意味、結婚相談所は本業まわりの仕事とも言えるので、相性は良かったのです。

エステサロンを経営する中で、綺麗なのに独身の方が多いことに気づき、話を聞いてみたところ、コロナ禍の影響もあって、飲み会などのイベントが減り、夜出かける機会も減ったので、意外に出会いがないという声や、マッチングアプリは真面目な人もいるが、ナンパ目的の男性も多いという声があり、自分で結婚相談所をやることにしました。

このケースは、本業のお客様の声を聞いていた結果、見えてきた複業で、ある意味一番自然な形でもあります。

彼女も大手の結婚相談所と提携する形で始め、ノウハウやスキルは最初からあったので、スタートから大変好評で上手くいきました。

当然トータルの収益も上がり、経営的にもキャッシュフローが非常に楽になったのです。しかもエステサロンとの相性も良く、「婚活できるエステサロン」として大変人気が出ています。

このように、**本業まわりを上手く組み合わせれば、複業、本業共々業績をアップすることができます。**

フランチャイズで事業を拡大
――美容室＋もつ鍋居酒屋チェーン＋結婚相談所

彼は元々当社のスタッフでしたが、独立後、ヘアサロンを開店しました。２店舗を営業していましたが、ほどなくして**もつ鍋居酒屋チェーン**を開店し、順調に売上げを伸ばしていきました。

彼のケースでは、提携する本部からノウハウやスキルを学び、最初から順調に問題なく運営を開始しました。

新規ビジネスをフランチャイズ方式で運営するスタイルも、内容をよく吟味すれば賢い選択だと思います。

その後さらに**パン屋**を展開して、こちらも順調に売上げを伸ばしていきました。メインが飲食店でしたので、コロナで大打撃を受け、一部飲食店を閉店する憂き目にも遭いましたが、上手く助成金を活用しながら、**新たな美容室**と**結婚相談所**を開設しました。

結婚相談所も本部がある会社との提携スタイルだったので、最初から運営に困ることはありませんでした。

また先のエステサロンと同じで、コロナ禍で婚活パーティーなどの開催が一気になくなってしまい、婚活難民が多数いたため、時流に乗ったまさに旬のビジネスと言えるでしょう。

時流を見極めて新規事業を選び、しかも本部が存在するフランチャイズスタイルを採用すれば、最初の運営に臆することはありません。

もちろんロイヤリティーを払う必要はありますが、それを鑑みたうえで、個人でやるか、フランチャイズに加盟するか、見極めればいいのです。

見方を変えれば、**フランチャイズもある意味コラボビジネス**と言えます。

本業まわりの守備範囲を拡大
——電気工事士＋大工＋なんでも屋

本業まわりのど真ん中を広げていって成功したTさんのケースです。彼は元々電気工事士です。

本業が**電気工事士**なのですが、手先が器用で、ある程度他の職人の仕事を見ているだけで、なんでもできてしまう天才肌でした。

余談ですが、日本の旧車をレストアして、レースコースを走らせる趣味も持っており、エンジンをオーバーホールしたり、車を改造するのが大好きなので、細かいことが得意で手先が器用なのも幸いしていると言えます。


さて彼は、建築現場で電気工事をしながら、他の職人の技を盗んで、自分でできるようになってしまいました。

電気工事士であるのにもかかわらず、**大工仕事**、屋根仕事、庭仕事、エアコン取り付け、庭の整備等々、家に関することはなんでもできるようになってしまいました。

さらに強みとして、人柄が良く仕事が丁寧なので、家に関する相談が別荘地の富裕層からも多く、その悩みを聞いてどんな依頼でも断らずに受けていた結果、現在では家のことを丸々依頼されるようになりました。

他にもどんな細かい仕事でも断らず、親身になって対応するので、とにかく彼に頼めば何とかなると、**なんでも屋**としても大人気になっていったのです。

まさに本業まわりを拡大させる、複数ビジネス思考のお手本でしょう。

前職で得たノウハウを時流に活かす
——民泊＋コンサルタント

元々リゾートホテル系スタッフとして働いていたWさんです。彼のケースは、会員制リゾートホテルに長年勤務した経験を活かして独立し、さらに複数ビジネスを展開した例です。

長年宿泊業に携わっていたので、形態は違えど、**民泊**は完全に前職の延長で独立が可能な業態です。

さらに、会社員時代に全体の営業オペレーションや企画立案をしていたので、そのスキルを活かして、**コンサルティング業**もスタートしました。

まず、親類がもて余していた空き家を安く買い取り、コロナ前に民泊を始めました。同時に、前からホテルの戦略部門や他業種から戦略立案などの相談を受けていたため、それを本格的なコンサルティング事業として独立させました。

コロナ前に始めた民泊は大きな打撃を受けましたが、親類から安く買い取って自分でＤＩＹして始めたものなので、初期投資は少なかったのです。

ですので、コロナ禍で民泊ビジネスの売上げが止まっても、元々家賃などの固定費がないのと、民泊の場合は、お客様が使用しないときには、ランニングコストも最低限ですむので、それほど影響はありませんでした。

でも売上げ自体は止まってしまうので、宿泊業に手厚く支給されていた助成金を使ってコンサル事業を立ち上げたのです。

他の会社もコロナ禍の影響で売上げは大きく落ち込んでいましたが、政府系の無利子融資と補助金で資金が潤沢にあった会社も凄く多かったのです。

そのタイミングでのコンサルティング部門の立ち上げだったので、一気に軌道に乗っていきました。

彼の場合は、まさに**前職で得たノウハウを活かし、コロナ禍というマイナスを逆手にとって成功した例**と言えるでしょう。

業界のルール変更で新メニュー開発
——美容系専門学校＋エステマシン販売業

美容系専門学校を校長として運営する、ビジネスパートナーでもあるMさんです。彼女は、本業の専門学校も凄く順調で忙しいのですが、美容業界にある変化が起きているタイミングで新規事業を始めました。

このケースでは、まず前置きとして現在の美容業界のルール変更があります。

エステ業界では、しわ伸ばしやリフトアップなど、年齢に伴って弛んできた皮膚を引き締める人気メニューがあります。

しかし昨今、度重なるエステサロンでのお客様への施術トラブルもあり、そのメニューに使っていたマシンが、エステサロンで使えなくなってしまったのです。

大手広告代理店の広告ツールでも、その類のメニュー掲載がNGとなりました。元々人気でドル箱メニューだったために、それに代わるものはないかと、エステサロン業界全体が模索する状態になったのです。

彼女は、そのタイミングで、**新メニューを提案できるエステマシンを美容機器メーカーと組んで開発販売する事業**を始めました。

この事業プランでは、私もプロデューサーとして関わる流れとなり、現在新コラボ案件としてスタートしています。

彼女は、エステマシンに関しては、自分の美容機器メーカーの知識とノウハウを使えますし、マーケティングや戦略立案には、私のスキルと人脈を使えるので、ある意味、業界のスキルと知識を持った専門家同士のコラボレーションと言えます。

信用は、長きにわたり専門学校を運営する彼女にも、著者として12冊の本を出版している私にもあるのに加えて、機械の専門家の知識も取り込む形でのトリプルコラボの例です。

先に記した、新規ビジネスをパズルにたとえて、必要な人材を集めてスタートするスタイルと言えるでしょう。こちらも助成金の活用も交えて企画立案しています。

本業と相乗効果を見込める新規事業開発
――湖のマリーナ＋ペンション

山梨県の富士五湖エリアの湖で、**マリーナ**を経営するYさんのケースです。

マリーナでの仕事は、モーターボートやジェットスキーなどの保管や、ウェイクボード、水上スキーなどのトーイングビジネスを主としています。

他にもＢＢＱの場所の貸し出し、ドリンクカーで飲み物の提供などもしています。

そこで彼は、マリーナでマリンスポーツを楽しんだお客様を、宿泊業にも取り込めないかと**ペンション**も始めました。

ペンションという業態は、後継者不足による廃業が多い業界で、多くの優良物件が売りに出されています。そこに彼は目をつけました。

最初のきっかけは、初日にマリンスポーツを楽しんだお客様が、翌日もマリンスポーツを楽しみたいと、宿泊先の問い合わせが多くあったことです。

そこで他社に紹介するのもいいけれど、あまりにも需要が多いなら、安く売り出されているペンション物件を自分で所有して、運営するのもありだなと考えました。

幸いにして多くの中古物件が出回っていて、マリーナ近くに状態のいい格安物件が見つかりました。

政府系の助成金を使って、リノベーション費用を捻出し、新規事業としてペンション系宿泊業もスタートしました。

宿泊施設があるマリーナということで差異化ができて、しかも既存のマリーナ客も取り込めるので一石二鳥の新規参入となったのです。

また、それほどマリンスポーツには興味がなかったペンションのお客様も、せっかくペンションで提供しているならやってみようということで、プラスアルファの売上げアップにもなっています。

本業の可能性を模索して、**本業との相乗効果を見込める新規事業**をスタートしたケースです。

成功する人と失敗する人の特徴

この章の最後に、私のこれまでの経験から見えた、複数ビジネスが成功する人と失敗する人の特徴をお伝えしたいと思います。

人の能力や才能は、じつはそれほど変わりありません。ちょっとした他人との違いが、大きな成功を生む要因となります。

成功する人の特徴

・モチベーションが高く、一気に行動できる人
・一つのことに没頭できる人
・何事にも言い訳をしない人
・あの手この手で問題を解決しようとするなど諦めが悪い人

失敗する人の特徴

・自分本位で他人の気持ちが読めない人
・いちいち落ち込む人
・自分ですべてやろうとする人
・感謝の気持ちがない人

コラム7

「少し臆病で慎重すぎるくらいの姿勢」が大事なマインド

どんなビジネスでも、最初から大きな規模でやるのは、金銭的負担も多くなりますし、精神的不安も大きいものです。

ならば最初は、**テストマーケティング的にスタート**してもいいでしょう。

テストマーケティングなら、もし上手くいかないケースでも撤退は速やかにできますし、かかる経費もわずかなものです。

当社の日焼けサロンも、私が日焼けしたいと思ったことがきっかけで始め、それが結果的にはテストマーケティングになったのです。

その後、実際に需要があることがわかったので、正式に別部門で立ち上げて上手くいきました。

それでも怖さがある場合は、**自分と同業で、すでに複数ビジネスを始めて、成功し**

ているケースを真似するのもいいでしょう。

このケースだと、先人の成功メニューやパターンを模倣できるので、立ち上げ時の様々な精神的苦労も軽減できます。

私のコンサルティング関係のビジネスは、ほとんど先人のレシピを入手してからの参入でした。これは、一番怖さがなく、失敗も少ない方法と言えるでしょう。最初は育てるつもりで小さく始めて、状況を見ながら徐々に育てていけばいいのです。

つまり、**「少し臆病で慎重すぎるくらいの姿勢」が、失敗のリスクを回避できる大事なマインド**とも言えます。

第8章

複数ビジネスを始めるときの大事な心得

「お金の計算」をするうえでもっとも大事なこと

いよいよ最後の章ですが、ここでは「**お金の計算の仕方**」をお教えします。

お教えするというと、上から目線で大変恐縮なのですが、「**後藤流の経営の知恵**」と置き換えて、読んでいただければと思います。

私は会計士ではないので、テクニック論ではなく、「**転ばないためのお金の考え方**」を公開していきます。

まずは、「売上げ」ですが、いろいろな角度から見ての「**最高売上げ**」を考えてみましょう。

最高売上げは、ある意味希望的観測で、自分を奮い立たせるものなので、そこまで真剣に考えることはないです。「これだけいけば嬉しいな」程度でOKです。

それでも一応弾き出してモチベーションを上げましょう。

次に「**最低売上げ**」を弾き出します。

最低売上げは、最高売上げより数段大事で、転ばないための経営をするには、核になる数字と言えます。かなりシビアに計算する必要があります。

これは私が、古民家ホテルをスタートする前に、何度か運営会社社長とミーティングをしたときの話です。

売上げに関する話題で、運営会社社長が弾き出した数字を見て、ちょっと驚いたことがありました。というのは、かなり辛口に査定して売上げを弾き出したからです。

私は、もっと希望的観測が入るのかなとも思ったのですが、非常に厳しめでした。私も経営のプロなので、楽観視しているわけではないのですが、グループ施設を何棟も運営するプロの意見だけあってなるほどと思い、しっかり脇が締まっているなと感じたのです。

さらに、「**初期投資の回収時期**」を弾き出していました。

３年後の想定利益、５年後の想定利益と、しっかり脇を締めながら計算しています。しかもすべて最低売上げで計算しているので、一番悪い数字でこの結果という試算でした。

つまり大事なことは、**大風呂敷を広げて希望的観測をするのではなく、最低売上げで計算して、お金の流れをつくっていくことです。**

早い結果を求めず長期戦で挑む

ビジネスに焦りは禁物です。焦りは判断ミスにつながりますし、経営的に落とし穴にはまる確率も高くなります。じっくり腰を据えて、長い目線で考えていきましょう。

私の新規ビジネスも、あまり期待しないでじっくり長い目で育てていきます。本当に慎重に考えて、まずは売上げと経費がトントンでも問題ないくらいの視点を持ってやります。

コンサルティングビジネスに参入したときには、まさにそうでした。まったくの素人の私が、最初から利益を出せるとは考えていなかったので、最初は持ち出し覚悟でした。

通常のビジネスでは、持ち出し覚悟などという安易な考え方はできませんが、先にもお話ししたように、当社には利益率のいいビジネスが複数ありましたので、その部門からの持ち出しを視野に入れていました。

最初の段階で経理担当にも、「最初は赤字で持ち出しになると思うけど、これは新規ビジネスを育てる期間のことだから理解しておいてほしい」と伝えました。

なぜ、持ち出しになると計算したのかというと、当時は、今のようにリモートでビジネスができる時代ではありませんでした。

ミーティングでも、キーパーソンと人間関係を構築する面談一つでも、実際に現地に出向いていかなければならない時代でした。

私の住んでいる場所は、山梨県の富士吉田なので、都内に行くには、交通費と時間によっては宿泊費も必要でした。つまり、行くたびに利益を上げなければ、交通費・宿泊費の分だけ持ち出しになってしまうのです。

そこでしばらくして、まずは都内に面談などで行ったときに、別件で利益を生み出す方法はないかと模索しました。

それがのちに当社の人気メニューに育った個人セッションなのですが、ミーティングや会食があるときに、その前後に、有料の個人セッションという枠をつくって、希望者を募っていました。


最初は経費を補填できればいいなくらいの考え方の価格設定でしたが、徐々に人気が出て、価格もアップさせていきました。

また個人セッション中に高額商品をご提案すると、お申込みをしてくださるお客様が増えてきて、大きな売上げに変わっていきました。


利益補填で始めたメニューでしたが、コンサルの骨組みを支える人気メニューに育っていったのです。

じつは、この発想も先人コンサルから拝借したもので、私のオリジナルではありません。ベストセラー著者の人気メニューの、言葉やサービス内容を真似てつくったものでした。

最初こそ交通費・宿泊費の分だけ赤字でしたが、高額商品が売れ出したおかげで、すぐにプラスに転じました。

はじめから少し持ち出しを計算に入れた長期戦で考え、あまりガツガツせず、お客様のためにという姿勢で臨んだことで、いい結果を生み出せたのです。

勝ち組と負け組の違いを見つけ、ビジネス戦略を練る

ビジネスを成功させるには、コツがあると考えています。

コツを他の言い方に変えると、「**成功するポイント**」とも言えます。そのポイントを知ることが重要です。「**成功するポイントがどこにあるのかを最初に見つける**」ことです。

一言で言ってしまうと、**勝ち組と負け組の違いを見つける**ことです。

同じ業界で、売上げを伸ばしている会社と、売上げが伸びずに撤退した会社の違いを見つけるのです。

私が新規事業を始めるときは、自分が参入する業界の成功者の中で、この人のような結果を出したいと、モデリングする人を最初に見つけます。

つまり、**勝ち組のキーマンを探して、その人に会いに行く**のです。

先にお話ししたように、お客様になって接点を持つ方法が一番自然です。そのうえで、上手くいくコツを聞き出します。つまり**勝ち組になっている理由を探し出す**のです。

その後、真似るべきビジネスモデル、言い方を変えれば、「**成功するためのレシピ**」**を手に入れます**。そのレシピを参考に、自社の戦略やサービスをつくり上げていきます。

この発想を持っていれば、まず失敗をすることはないでしょう。

他には、私の経営経験の中で学んだ視点で言うと、いかに「**損益分岐点を下げる**」ことができるかも大事なポイントです。

損益分岐点が低ければ、売上げが悪くても利益を生み出せますし、高ければ売上げが良くても利益が出ません。**大事なのは、売上げ規模ではなく、純利益**です。

以前大型ショッピングモールチェーンで、売上げ５０００億円で倒産した会社がありましたが、５０００億円も売上げがあっても赤字倒産してしまうのは、基本的なビジネスモデルに欠陥がある証拠です。

結論を言うと、まずは勝ち組負け組の両方を見て、その違いを見つけ、ビジネス戦略を立てることです。

一番経費がかからないプランを立てる

ビジネスを成功させるコツは、とにかく赤字を出さないことです。

当たり前のことですが、赤字を出さないためには、限界まで経費を落とすことが重要ですが、**お客様の満足度に関係しない部分での経費削減が必須**です。

私がよく取る戦略は、再三お話しししていますが、コラボ戦略です。コラボは、本来は業者にお支払いする経費を、売上げシェアという形で補塡するので経費にはなりません。

つまり自分の儲けを減らしてでも、経費を抑える作戦で固定費を落とし、損益分岐点を下げています。ビジネスは常に順調にいくわけではないので、悪いときでも生き残れる戦略が必要です。


経費がかからない戦略の一つとして、私が女性クライアントにおススメする起業スタイルは「**自宅サロン**」です。

エステなら自宅エステでもいいですし、物販なら店舗や事務所を持たないオンラインショップでもいいのです。

カッコばかり気にして、経費がかかるビジネスモデルは長続きしません。とにかく経費のかからないビジネスモデルが重要です。

「助成金」を最大限活用する

これから始める分野で活用できる**「助成金」**があるかどうか調べましょう。

コロナ禍では、助成金を使って新規ビジネスを立ち上げた会社が山ほどありました。そのほとんどが、助成金申請のプロに依頼していたと聞いています。

助成金申請コンサルタントに依頼する場合、まずは着手金が必要です。申請書類の規模感や仕事量にもよりますが、無料から20万円ぐらいが多いのではないでしょうか。

無料のケースはまれですが、以前当社で依頼したコンサルタントは、着手金無料で、成功報酬は補助金額の5％と格安で良心的な方でした。

ちょっと高いところになると、申請規模が大きい案件でしたが、着手金20万円、成功報酬の最低額が100万円でした。このケースでは、通過するまで何度でもトライしてくれる保証がついていました。

このコンサルタントは、助成金申請の採択率が8～9割と異常に高い数字を出しているので、価格が高いのも頷けます。

結論ですが、**初期投資をどれだけ抑えるかも成功のポイント**になるので、**使える可能性のある助成金を全部ピックアップして、専門家に依頼してトライ**しましょう。
当社社屋も、環境系の助成金を使って太陽光パネルを設置しているので、電気代高騰の波に巻き込まれずにすんでいます。これも経費削減の一つの方法です。

「最悪の出口戦略」を立ててスタートする

世の中に絶対はありませんが、ビジネスには絶対をつくりましょう。
それは、「**絶対に負けない戦略**」です。

勝負事には、2つの結果があります。
勝ち、負け、の2つですが、私は、**勝ち、引き分け**、の2つに変えています。
つまり、**どんなに悪くても引き分けで終わるプラン**です。
負けてしまうと、他のビジネスにしわ寄せがいきますし、場合によっては、再起不能に陥るかもしれません。それは絶対に避けないといけないので、最悪の場合でも引き分けです。

これを実現するには、**最初から上手くいかないときの出口戦略を立てる**必要があります。上手くいくときには、物事がスムーズに運ぶので、とんとん拍子で売上げも上がっていきますが、その半面、上手くいかなくなったときの対応が後手に回ると、恐ろしいことに、悪いことが連発で起きてきます。そのときには、最高の負け方を考えて、引き分けで終わるようにします。

具体的に言うと、ビジネスが継続できない場合でも、他の目的で使うとか、誰かに売って売却益を得るとか、最初から作戦を練っておきましょう。

私の古民家ビジネスでもそうですが、宿泊業として上手くいかないケースも想定して、最初から賃貸、古民家セミナー会場、古民家を欲しい人が集まる家市場で売却など、様々な出口戦略も用意しています。

日焼けサロンでも、個室が３つあるので、マッサージ師にレンタルマッサージルームとして貸し出すとか、自社でマッサージルームを開店するとか、女性向けのシェアハウスにするとか、あらゆる出口戦略を考えています。

悪くなってからでは、不安で頭が回らなくなるので、最初に、あるいは順調なうちに出口を用意しておくと、負けが決まりそうな状態からでも、引き分けに持ち込むことも可能です。

引き分けであれば、最悪少しの準備期間で、次の勝負に出られますし、ダメージも最小限ですみます。

ボクシングの試合にたとえると、もう勝ち目がないと思った時点で、ボロボロになる前にタオルを投げて試合をやめ、体へのダメージを最小限に抑えて、次の試合に備えられるようにするほうが将来につながります。

ビジネスはその後も続きますので、**同じ負けでも賢い負けが大事**です。

複数ビジネスを始めるときに大事な９つのポイント

最後に、「複数ビジネスを始めるときに大事な９つのポイント」をまとめておきます。
プリントして机の上や壁の見やすい場所にはって、忘れないようにしてください。

❶結果を焦らないで長期戦で挑む
❷事前リサーチを怠らない
❸他人に相談しても最後は自分で決断する
❹お金の投資ポイントをよく見極める
❺近寄ってくる詐欺案件を見抜く
❻一つのことを複数の角度から見る
❼固定費をなるべく減らす
❽利益が減っても他人に任せるところは任せる
❾自分が動かなくても売上げを上げられる仕組みをつくる

コラム8

わからないことは専門家に丸投げでもOK

ここまで様々な後藤流新規ビジネスのつくり方の思考と戦略をお話ししてきましたが、一人の人間にできることには限度があります。

私は、ちょっとわからないことがあると、専門家でもない自分の頭を使うより、プロの頭を使う戦略で、すぐに電話かメールをします。

即確認したいときは電話で、少し答えが遅くてもいい場合はメールです。

大抵の人は、どんなに頑張っても、人生の中では、一つの分野の専門家になるのが限度でしょう。

だから自分の専門分野でないことは、無理に考える必要はないのです。

自分の専門分野でないことは、無理に自分でやらないで、その分野の専門家を探してやってもらいましょう。

私の古民家もちょっとしたDIY仕事は、掃除会社勤務のDIYの得意な友人にお願いしています。彼もバイト感覚で気軽にやってくれますし、私も本当に助かっており感謝しています。

障子の張替えや冬場の凍結対策など、わからないことがあるとすぐに電話かメールで相談します。

他にも建築会社の役員の知人にすぐに電話して、状況や手に入れたいゴールを説明して、その方法論をお聞きします。

私はそれぞれの分野のプロフェッショナルがまわりにいるので、すぐに電話する電話魔でもあります。

わからないことは無理に自分で考えず、専門家に聞く、あるいは丸投げすればいいというのが結論です。

あとがき

この本を最後まで読んでいただき、ありがとうございます。心から感謝いたします。

私は高校時代、進学校に通いながらも、ヤンチャな性格が災いして、高校2年生のときにちょっとした問題を起こし、校長先生に退学を通達され、4年制の夜間高校への転校を余儀なくされました。

当時の夜間高校というのは、授業が始まるのが夜の6時からで、終了が9時ごろです。体育は、照明の点いた夜のグラウンドで行います。

この体験をしたときに、夜空を見上げながら私が思ったことは、「ここからどうやって這い上がっていこうか」でした。初めて真剣に自分と向き合いました。

勉強ではもう上には行けないだろうから、自分の足で立ち、起業するしかないと心に誓いました。

このときから学費も全部自分で払い始めました。その理由は、父親から言われたこの一言でした。

「お前は悪さをして、自業自得でクビになり、夜間高校へ行く羽目になったんだから、俺の前で生意気な口は、金輪際聞くな。お前は親の脛《すね》かじりのろくでなしだ」

この言葉を聞いた後に、私は当時できたばかりのファミリーレストランの面接を受け、アルバイトとして働き出しました。庭の草むしりから始めて、皿洗い、ホールスタッフ、最終的にはキッチンを任されるまでになりました。正社員の打診を受け、2年で料理長になれると言われましたが、丁重にお断りしました。


当時の夜間高校は、不良の集まりです。元々高校へ行けなかったワルか、昼間の学校をクビになった落ちこぼれや問題児たちの集まりで、毎日がサバイバルで、無事に学校が終わるとホッとするような環境でした。

学校が終わると、50ccのバイクで家に帰るのですが、冬の寒空の中、乾いたエンジン音を立てて、すべての車が私を追い越していきました。そのテールランプを睨《にら》みつけながら、今は、アクセルを全開にしても抜かれているけど、将来絶対に全員抜いてやると心に決めました。

私はたまたま進学校からの転校でしたので、試験成績が良く、当時のその学校の過去最高得点を出したこともあり、教育系の大学への推薦を打診され、教員になる道を用意されましたが、お断りしてヘアスタイリストへの道に進みました。

19歳で東京都内の専門学校に入学し、20歳でヘアサロンで修業を始め、24歳の終わりに独立起業しました。

一般的には、このままヘアサロンのオーナーとしての職業人生が続いていくはずでしたが、私が複数ビジネスに目覚めたことで、新しい世界が広がりました。

また、複数のビジネスを展開したことで、「世界一の男のプロデューサー」になったり、女性ビジネスブランディングの専門家の道も開かれました。本も13冊（この本が13冊目です）も書くことができました。

これらすべてが、この本で紹介している「複数ビジネス思考」から生まれました。

つまり、私の人生は「複数ビジネス思考」によって、つくられてきたと言ってもいいと思います。

そして、この本を読むことで、ぜひあなたにも私と同じようなビジネス体験をしてもらいたいのです。

新規事業を立ち上げるとなると、いろいろ戸惑うこともあるかもしれませんが、どんなプロフェッショナルでも最初は素人です。

プロは、素人が経験をいくつも重ねてなっていくものです。

最初は不安かもしれませんが、勇気を持って、あなたの新たなビジネスフィールドをどんどん広げていってください。

もし不安になったら、この本を何度でも読み返してください。

必ず答えが見つかります。

これからのあなたのご活躍を心より願っています。

最後に、この本を出版するにあたって、ご尽力くださった皆様に、心より感謝申し上げます。

後藤勇人

ここでしか手に入らない！
後藤 勇人新刊「読者限定 特別動画プレゼント」

特別動画では、

- **初心者でもできる収入の桁を上げる思考術**
- **あなたのまわりにある「お金のなる木」を見つける方法**
- **ほぼローリスクで始められる最強の複業とは？**

など、複業で成功するためのマインドセットやテクニックをお伝えします。
動画は、スマートフォンで下記QRコードを読み込んでいただくか、URL（https://jwbba.com/hukususyunyu/）にアクセスしてください。

※キャンペーンは予告なく終了する場合がありますので、お早めに参加し読者限定特別動画を手に入れてください。

【著者プロフィール】

後藤勇人（ごとう はやと）

復業構築コンサルタント
女性起業ブランディングの専門家
世界一の男をプロデュースしてきた「ブランディングプロデューサー」
一般社団法人「日本女性ビジネスブランディング協会」代表理事
有限会社ＢＫプロジェクト代表取締役社長兼 BK グループＣＥＯ

中学校卒業後、進学高校に入学するも、社会や教育制度に反発し、教師と対立。退学か自主退学の二者択一を迫られ自主退学。その後、夜間高校に転入。高校卒業後、自分の力でのし上がれるヘアスタイリストの道を志し、都内の理美容専門学校に入学。

専門学校卒業後、都内の有名ヘアサロンなどを経て、24 歳のときに１千万円の借金をしてヘアサロンをオープン。順風満帆のスタートを切ったが、社員の謀反や横領など数々の試練を体験し精神的に挫折。その後、持ち前の負けん気でビジネスを再構築し、ショットバー、日焼けサロン、美容室と 32 歳までにグループ４店舗に拡大、１億円の自社ビルを建て、年収 2000 万円を達成。

のちに１冊の本の出版を契機に、セミナー、コンサルティング業界にも参入。グレコのギターで有名な世界一のギターファクトリー「フジゲン」創業者横内祐一郎氏のプロデュースをして「世界一の男のプロデューサー」と呼ばれる。

さらに元ミス・ワールド日本代表のビジネスブランディングサポートをしたことをきっかけに、多くの女性クライアントが殺到、女性の起業ブランディングをサポートする仕事を生涯のミッションと決め、女性起業ブランディングの専門家となる。

現在は日本国内のみならず、海外にもクライアントを抱える人気ブランディングプロデューサーとして活躍し、12 冊の書籍も出版。 重版はもとより、ロングセラーとして売れ続け、台湾や韓国などで翻訳出版される本もある。また、世界の４大ミスコンテストの一つ、ミス・グランド・ジャパン 2019 キャリアアドバイザーも務めている。

著書に『女性が仕事で夢を叶える！心磨き 7 レッスン』（みらいパブリッシング）、『その「1 分」を変えなさい！』（実業之日本社）、『人生を変える朝 1 分の習慣』『結果を出し続ける人が朝やること』（以上、あさ出版）、『なぜ「女性起業」は男の 10 倍成功するのか』（ぱる出版）など多数ある。

カバーデザイン　森裕昌（森デザイン室）
本文デザイン　森デザイン室
企画・編集協力　遠藤励起

成功《せいこう》する複業《ふくぎょう》

2024年6月30日　第1刷発行

著　者　後藤勇人《ごとうはやと》
発行者　林　定昭
発行所　アルソス株式会社
〒203-0013
東京都東久留米市新川町2-8-16
電話　042-420-5812（代表）
https://alsos.co.jp
印刷所　中央精版印刷株式会社

ISBN 978-4-910512-21-1 C0034